基于客流驱动的
城市公交网络优化模型
及算法研究

宋明磊　著

中国水利水电出版社

www.waterpub.com.cn

·北京·

内 容 提 要

随着城市化进程的不断加快,城市公交网络作为城市重要的交通网络之一,面临着动态客流量的迅速增长和时空分布不均衡等问题。

本书主要对基于客流驱动的城市公交网络优化模型及算法进行了研究,主要内容包括:城市公交复杂网络基础理论、基于复杂网络的公交OTD矩阵生成模型及算法、城市公交线网客流及拓扑结构分析、基于客流加载的城市公交网络鲁棒性分析等。

本书结构合理,条理清晰,内容丰富新颖,可供相关工程技术人员参考使用。

图书在版编目(CIP)数据

基于客流驱动的城市公交网络优化模型及算法研究 /
宋明磊著. —北京:中国水利水电出版社,2019.4 (2025.4重印)
ISBN 978-7-5170-7629-2

Ⅰ. ①基… Ⅱ. ①宋… Ⅲ. ①城市交通系统－公共交
通系统－优化模型－研究②城市交通系统－公共交通系统
－最优化算法－研究 Ⅳ. ①U495

中国版本图书馆 CIP 数据核字(2019)第 074488 号

书　　　名	基于客流驱动的城市公交网络优化模型及算法研究 JIYU KELIU QUDONG DE CHENGSHI GONGJIAO WANGLUO YOUHUA MOXING JI SUANFA YANJIU
作　　　者	宋明磊　著
出版发行	中国水利水电出版社
	(北京市海淀区玉渊潭南路 1 号 D 座 100038)
	网址:www. waterpub. com. cn
	E-mail:sales@ waterpub. com. cn
	电话:(010)68367658(营销中心)
经　　　售	北京科水图书销售中心(零售)
	电话:(010)88383994、63202643、68545874
	全国各地新华书店和相关出版物销售网点
排　　　版	北京亚吉飞数码科技有限公司
印　　　刷	三河市华晨印务有限公司
规　　　格	170mm×240mm　16 开本　9.75 印张　175 千字
版　　　次	2019 年 6 月第 1 版　2025 年 4 月第 3 次印刷
印　　　数	0001—2000 册
定　　　价	48.00 元

前　言

　　随着城市化进程的不断加快,城市公交网络作为城市重要的交通网络之一,面临着动态客流量的迅速增长和时空分布不均衡等问题,由于时空资源的限制,现有公交线网很难满足客流动态需求的变化。另外,公交线网拓扑结构、线网密度、线网规模、公交线路和站点、时刻表等不断调整,城市公交网络的复杂程度越来越高,客流动态需求下的城市公交网络拓扑结构鲁棒性受到了考验。为了适应客流需求的动态变化,既需要更高效的运营调度,也需要强鲁棒性的网络拓扑结构。因此,基于准确的客流动态需求,从规划设计层面优化城市公交网络鲁棒性,从运营调度层面优化城市公交网络的发车间隔,对于提升城市公交网络运行效率、可靠性和服务水平、改善城市居民公共交通出行条件具有重要意义。随着社会发展和科技进步,城市公共交通管理与控制的技术手段也在不断更新。

　　本书主要特色包括:

　　(1)本书提出了基于出行链的公交客流 OD 矩阵生成模型和基于数据融合、轨迹分析及系数划分的公交换乘客流生成模型,克服了数据资源的结构性缺失问题,如有效出行数据比例不高且很难获得准确的换乘客流的难题。

　　(2)综合了以往城市公交复杂网络统计特征值指标,计算了案例城市公交复杂网络多个统计特征值,并分析了城市公交复杂网络拓扑结构随统计特征值的失效规律。

　　(3)以客流驱动的城市公交网络加载模型及算法系统地解决了城市公交网络时空序列分析及动态客流加载、公交线路发车间隔及时刻表安排、客流时间序列和空间序列的计算方法、线路及车次客流的协调运营、每台车客流登降量计算及车载人数计算。

　　(4)在城市公交网络拓扑结构的静态鲁棒性及不同攻击模式下,分析了城市公交复杂网络静态鲁棒性的影响,并通过客流加载进一步分析不同攻击模式下城市公交网络的动态鲁棒性变化规律,提出基于鲁棒性分析的城市公交网络拓扑结构的改善建议。

　　(5)为响应动态需求,实现载客能力限制下不同时段、不同线路下的费用最优的发车间隔,建立了基于费用最优的城市公交发车间隔优化模型及粒子群智能算法。

感谢广东省交通运输厅科技计划项目"多源数据环境下城市公共交通客流出行分布研究"和河南城建学院"科研能力提升工程"研究项目"大数据环境下城市公共交通线网优化"对本书的资助。在编写过程中参阅了大量的国内外资料、著作,吸收了同行们辛勤的劳动成果,在此向他们谨表谢意。衷心地感谢参与和支持本书出版的所有同志。由于本书涉及多个专业,尽管作者阅读了大量的研究文献和成果报告,但科技的发展是没有止境的,加上学识所限,书中的一些内容难免会有不妥之处,敬请读者批评指正。

作　者

2018 年 12 月

目　录

第1章 绪 论

1.1 研究背景及意义

1.1.1 研究背景

随着经济的快速发展,我国城市化进程的速度日益加快,城市人口普遍迅速增长,尤其以北上广深为代表的各大城市人口流入迅速增长,城市机动车保有量大幅增加。随着机动车保有量的增长,小汽车出行比例显著增长,机动车与非机动车冲突现象加剧,城市交通拥堵问题日益严重,治理交通成为城市管理者的重要任务,从一线城市如北京、上海、广州、深圳到二线城市,出台了限号、尾号限行、潮汐街道、错时上下班等一系列政策和措施,并取得了一定成效。但是由于道路资源在时间和空间上的限制,城市交通资源供给已经不能满足城市交通出行需求,尤其是在早晚高峰等交通流量集中时段,城市路网容易陷入拥堵瘫痪的局面,公共交通相对私人交通出行方式具有较大优势,主要体现在节约道路资源和生产资源、降低排放、保护环境、提高运输效率等方面,世界各国城市在没有出现新的运输模式情况下,都倡导将公交优先作为解决城市交通问题的选择。自 20 世纪 70 年代开始,法国首先提出了"公交优先"的发展政策,其主要做法是补贴公交出行、限制小汽车增长、开辟公交专用道、公交路权优先。后来,世界各国效仿法国,通过划定公交专用道,信号控制被动优先,信号控制主动优先(相位插入、绿灯延长、红灯早断)等各类措施,从各方面对公共交通的发展进行扶持,增强公共交通对城市居民出行的吸引力。2005 年,《国务院办公厅转发建设部等部门关于优先发展城市公共交通意见的通知》颁布,明确了我国公共交通优先发展的指导方针。

随着公交优先各项措施的大力发展,治理城市交通拥堵问题取得了较为明显的成效。但是,一方面,由于城市居住、就业、商业、医疗、教育、工业等用地资源分布的不均衡,城市公交客流分布不均衡,造成公交线网规划不能适应公交客流随时间维度的动态变化以及公交运营调度不能适应公交客流随时间维度的动态变化,城市公交网络的拓扑结构在动态需求下的鲁棒性受到严峻挑战,尤其是客流变化造成的城市公交网络重要节点失效或者某条重要道路的失效而引起的局部公交线网的瘫痪。因此,研究城市公交网络的拓扑结构在动态需求下的鲁棒性对于优化城市公交线网规划、提高公交服务水平具有重要意义;同时,大多数城市公交运营调度目前都不是动态方案,很难适应动态需求的变化,原有的调度方案和时刻表将不能满足客流的动态变化。因此,研究城市公交发车间隔/发车频率的优化,不断调整城市公交线路的运营调度,是解决如何提高城市公交线路准点率和公交服务水平的重要措施。

另一方面,由于城市交通路网及公交线网的扩建和改造,城市道路交通系统的复杂程度不断增长,同时,城市轨道交通系统的迅速发展,轨道交通以其完全分离的专用路权、准时性等优势,在与城市公交系统的竞争中占据明显优势,造成城市公交系统的分担率逐年下降。城市公交网络作为一个典型的复杂网络系统,面临着新的机遇和挑战,为了提高城市公交系统的准点率,保障城市公交系统的服务水平,研究城市公交网络的拓扑结构在动态需求下的鲁棒性变化规律和优化城市公交发车间隔/发车频率具有重要意义。

基于以上分析,在研究城市公交网络的拓扑结构在动态需求下的鲁棒性变化规律和优化城市公交发车间隔/发车频率之前,如何准确掌握城市公交网络的动态需求变化非常重要。然而,由于公交 IC 卡办卡率不能完全覆盖、IC 卡数据有效性、IC 卡数据已知时公交换乘数据匹配难度大等原因,城市公交网络具有明显的数据结构性缺失的特点,如何通过一定比例的有效 IC 卡数据,采用一定的技术手段来得到乘客出行轨迹以及准确的 OD (Origin Destination)数据和换乘数据,是研究城市公交网络的拓扑结构在动态需求下的鲁棒性变化规律和优化城市公交发车间隔/发车频率的重要基础。

1.1.2 研究意义

随着"公交优先"理念的推行,城市公交网络的研究越来越重要。由于城市化进程的不断推进,公交线路和站点越来越多,城市公共交通覆盖面更广、线网密度更密集,但是对于城市公交线网这一复杂网络系统的变化,并没有整体地进行规划设计和管理运营。因此,虽然对于城市公交系统的投入比例很大,但是不一定能收获良好的效果,尤其是城市公交的分担比和吸引力在与小汽车、地铁、轻轨的竞争中经常落于下风,如何从规划设计角度提高城市公交复杂网络的线网规划水平、提高城市公交复杂网络拓扑结构的鲁棒性,从运营调度角度提高服务能力和运行效率等问题变得尤为重要。

本书基于 IC 卡刷卡数据、车辆进站报站数据、线网地理信息数据、线路基本信息数据等,获取上下车地点和时间、换乘地点和时间等乘客的出行轨迹信息,对于掌握城市公交复杂网络的需求变化规律具有重要意义;结合静态鲁棒性指标及攻击模式下的影响程度,基于乘客的出行信息进行城市公交复杂网络的动态鲁棒性分析具有重要意义;费用最优的发车间隔等城市公交复杂网络运营管理的关键性能和参数的分析、评估和优化对于提高城市公交复杂网络对动态需求的适应能力,提高城市公交复杂网络的鲁棒性,以及提高城市公交复杂网络的运营效果具有重要作用。因此,基于复杂网络理论对公交复杂网络进行研究和分析,对于进一步改善当前城市公交复杂网络系统的规划、设计、运营、管理都具有重要意义。

1.2　国内外研究现状

城市公共交通系统主要包括轨道交通系统,如地铁、轻轨、单轨、磁悬浮等子系统和地面公交系统,如无轨电车、有轨电车、公交汽车等。城市公共交通系统作为城市市民日常出行的主要交通工具,尤其在我国这样一个人口众多、人口密度很大的发展中国家,公共交通十分适应我国国情,不仅是大多数人出行都会选择的交通方式,同时也是我国相对于其他国家更为主流的一种交通方式,其对于城市交通需求的运输具有至关重要的作用。对于城市公共交通系统的研究,主要包括系统的信号控制优先、发车调度、线路优化等研究。早期的研究主要从一些工程的具体问题入手,研究问题的全面性和深度都不够,考虑也不够细致。许多已有的研究不考虑线路之间的换乘、复线等联系,将公交线路分离开来进行单独的研究,从经济性、乘客满意度等指标上优化线路的发车间隔或者发车频率。后来,随着公交系统的复杂程度不断增加,城市公共交通系统被作为复杂网络系统来研究,使用网络来表示公共交通系统的拓扑结构,从而更利于系统、全面地研究城市。

近年来,针对城市公交网络 OD 估计及客流分布的研究很多。例如,周晶等[1]提出了弹性需求随机用户平衡分配模型,采用等价变分不等式模型来描述拥挤公交网络系统的平衡分配问题。高自友[2]建立了公交阻抗函数并提出了公交网络中基于弹性需求和能力限制下的随机用户均衡配流模型及算法。后来,高自友[3]进一步证明了当客流人数达到载客能力限制后,公交网络中基于弹性需求和能力限制下的随机用户均衡配流模型的拉格朗日乘子即是乘客在公交站台因为载客能力限制而不能上车的站台延误等待时间,并设计了算法求解该延误时间。杨文国等[4]将动态规划思想引入随机用户均衡的配流问题,将配流问题转化为多阶段决策问题进行研究,形成了多阶段的用户均衡配流模型及算法。Yeung 等[5]基于实际的乘客出行需求,设计了路径规划算法来提高网络利用率,并进行案例研究对伦敦地铁网络在不同时段的客流状况下,如何规划发车线路进行了研究。在城市道路交通均衡配流模型的基础上,四兵锋等[6]在公交网络的均衡原则下,提出建立了简单高效的城市公共交通网络模型,并对公交网络配流问题建立了均衡模型。邱松林等[7]建立了基于路径长度的 Logit 型随机用户均衡模型,克服了传统路径选择模型的 IID(Independent and Identically Distributed)假设,证明了解的唯一性,并采用 MSA(Measurement System Analysis)算法进行了求解。

在城市公交网络拓扑结构的研究方面,王波[8]深入研究了派系网络,并研究了如何应用于公交线网。田庆飞[9]研究了如何通过复杂网络构建公交线网的具体模型,进一步优化公交线网。Yang 等[10]为了反映公交网络的增长规律,参照中国的城市公交网络发展特征,提出了基于派系增长的公交网络演化模型,通过派系增长的模型能够很好地再现公交网络中的统计特征,例如,度分布等。除此之外,他们还提出了通过公交线网优化来实现有效控制最大和换乘次数最少。为了研究和论证地铁网络是否具有小世界特性,基于对波士顿地铁网络特性的分析,Latora[11]通过理论推导和数据验证得出了肯定的结论。由于不同城市的结构不同,因此具有不一样的导航性能表现,Barberillo 等[12]对几个城市进行了测试。Wu 等[13]建立了网络连接熵的指标,还运用该指标剖析了南京地铁网络在网络攻击下的可靠性表现。Ferber 等[14]扩大了样本范围,对全球不同国家的 14 个主要城市的公交网络进行统一分析,他们同时研究了城市公交网络中,公交线路的空间迂回度、物理路径起始终止节点的度与最短路径长度之间的关系等空间网络特性,建立了在二维平面中以参数化形式演化的公交网络模型,他们还分析了网络的度分布等静态统计特性。夏志浩等[15]根据各线路各车站调查的上下车人数,推算公交客流的 OD 分布,把由路段交通量推算道路网中车辆出行 OD 分布的方法应用到公交系统,成功地实现了成都市的公交客流OD 推算。其中,随着城市公交网络的复杂程度提高,对问题认识的深度要求也在不断提高,以统计特征值为代表的复杂网络理论来研究城市公交网络的数量越来越多,建立基于复杂网络的城市公交网络来研究城市公交网络拓扑结构鲁棒性成为理论热点。

公交网络的鲁棒性是公交畅通的基础。但是,如自然灾害、道路网节点因道路维修的破坏造成的通行能力下降、演唱会、体育赛事等大型活动结束造成的流量增加,可能直接导致网络的局部失效或者整个网络的瘫痪。因此,深化公交网络鲁棒性的研究,在此基础上对公交网络进行管理与控制。因此,研究城市公交网络鲁棒性的研究很多。该类研究基于复杂网络,分别采用 L 空间法、C 空间法、P 空间法构建公交站点、线路和换乘等 3 种网络模型,选取最大连通子网络的相对大小、平均最短路径长度和网络直径作为评价指标,给出仿真算法,通过计算机仿真研究 3 种网络在受到随机或蓄意攻击的情景下,评价指标的变化规律。通过仿真得出公交站点网络对蓄意攻击和随机攻击下的表现,判断鲁棒性、脆弱性、可靠性。汪秉宏[16]综述了交通网络中网络交通堵塞与级联毁损的关系,为了抵御级联失效,基于Wang-Kim 模型,建立了全新的有限资源分配机制,对提高真实交通网络的鲁棒性具有现实意义。文献[17]中,分析了近年来网络脆弱性的研究和进展。谢丰等[18]基于网络的动态变化特性,试图研究网络的抗毁坏性能,针对不同的级联失效进行了系统设计和实验验证。张勇等[19]基于复杂网络理论,研究了城市路网的可靠性,并基于合肥市路网的真实数据采用仿真的方法,仿真了选择性攻击和随机失效条件下的可靠性变化规律,发现不同的路网展现出完全不同的鲁棒性。来学权[20]重新定义了道路交通网络的脆弱性,考虑交通供需随机性的前提下,建立了道路交通网络的脆弱性评估方法,以及道路交通网络脆弱性的概念模型。袁竞峰等[21]研究了地铁网络的脆弱性,指出地铁系统运行应从结构、社会功能、网络上展开。以重庆市的轨道交通网络为例,叶青[22]的研究定量地计算不同站点对于蓄意攻击的脆弱性,找出了网络效率敏感度最高的关键站点。针对随机干扰,姚红光等[23]研究了航空网络的鲁棒性,提出了航空网络在面对蓄意攻击时鲁棒性较差的结论。

基于公交网络建模和鲁棒性、脆弱性、可靠性研究的基础上,如何考虑现实条件的约束,如载客能力、线网长度等,通过对发车间隔、线网规划等优化,提高城市公交网络的经济效益的研究也很多。在此类公交优化问题的研究中,为了提高客流直达率、公交经济效益和线网覆盖率,降低乘客总出行时间、线路重复系数,王志栋[24]提出了① 路网层面:路网、道路流量限制;② 线路层面:站点客流量限制和换乘次数、线路长度、线路非直线系数、线路最大客流量限制,两类约束条件下的公交网络优化模型。谭满春等[25]针对不同交叉路段,提出了停靠点选址的离散型和连续型模型,并设计了相应的算法。唐利民等[26]提出的 FLAPT 模型属于宏观层面的模型,按照一定的标准将上海市划分 2~3 个层次,运用跳跃式转移和渗透式转移的方法解决了 2 个重要问题,梯度中心和区域进行布线和客流直达率为优化目标的网络布局。以直达乘客量最大为优化目标,张启人等[27]对长沙市公交线网的优化问题进行了研究,提出了以线路长度、线路重复系数等为约束条件的公交线网优化模型。除此之外,他们还提出了运用层次分析法构造公共交通大系统的理论和方法。基于人工智能,刘清等[28]提出了广义 A* 算法。广义 A* 算法以客流总交通时间、客流直达率等为目标,定义了估计函数表达式,运用启发式算法,从每对端点搜索出满足有关约束条件的备选线路,根据二进制理论组合成若干优化网络进行比较。针对公交网络优化设计,林柏梁等[29]提出了非线性整数规划模型,以乘客的出行时间和建设资金投入为目标函数,在满足车站容量限制的条件下,获得公交线路的优化决策。曾小明等[30]应用模糊数学方法,对影响公共交通系统服务质量的要素进行了分析,建立了公共交通服务质量模糊评定法。在公交优化问题的研究中,针对运营、调度、管理来说,发车频率或者发车间隔是非常关键的参数,直接决定了公交系统的运输效率。因此,许多学者对发车间隔进行了建模优化的研究。孙芙灵[31]得出了控制发车间隔的四个目标:在一个发车时刻表中需要综合利用各种间隔设置法;根据乘客需求确定一个可供选择的发车间隔,当车辆供给受到约束时,相应地改变发车间隔;在相邻的时间段使用平滑法调节发车间隔。

基于以上已有的研究,本书的主要研究内容将通过多源数据融合和出行链及出行轨迹分析的方法,得到城市公交网络动态需求数据,以客流驱动进行动态客流加载,研究优化城市公交复杂网络的拓扑结构的鲁棒性来适应客流量的动态变化。同时,基于客流驱动进行动态客流加载,寻求动态需求下公交车发车间隔/发车频率的优化。

1.3　研究目的

本书重点是针对城市公交系统数据结构性缺失的问题,基于已有的城市公交系统数据,如 IC 卡刷卡数据、车辆进站报站数据、线网地理信息数据、线路基本信息数据等,通过一定的技术手段复原和反推乘客的出行轨迹,包括上下车地点和时间、换乘地点和时间得到更为准确的动态需求数据,以客流驱动为基础,采用动态客流量的加载、城市公交网络拓扑结构动态鲁棒性优化、城市公交发车间隔优化的模型和算法,解决如何通过规划设计和运营调度的方法来优化城市公交复杂网络统计特征值、城市公交复杂网络不同攻击模式下的静态和动态鲁棒性、费用最优的发车间隔等问题,使城市公交网络能适应动态需求变化,拓扑结构的鲁棒性更强,准点率和服务水平更高。

1.4　研究内容

为了从规划、设计、运营、管理等角度全面提高现有城市公交复杂网络系统的服务能力和水平,需要克服城市公交网络的结构性数据缺失问题,基于多源数据得到更为准确的城市公交网络动态需求数据,以客流驱动进行动态客流加载,研究优化城市公交复杂网络的拓扑结构,增强鲁棒性,来适应客流量的动态变化。同时,通过动态需求下公交车发车间隔/发车频率的优化,使城市公交复杂网络具有更高的运行效率和更好的服务水平,本书的主要研究内容包括:

(1) 城市公交网络的生成。根据现有的较为稳定的城市公交网络的数据采集方法,已知的主要数据信息包括 IC 卡刷卡数据、车辆进站报站数据、线网地理信息数据、线路基本信息数据等,通过出行链、数据融合、轨迹分析、系数划分等方法进行 IC 卡刷卡站点匹配和乘客出行时空轨迹提取,得到乘客出行的 OD 数据和换乘数据,并对客流数据进行分析。

(2) 以客流驱动的城市公交网络客流加载逻辑、模型及算法。在得到城市公交网络线路、站点、车辆、乘客客流的 OD 数据及换乘数据后,如何将以上信息根据时空序列动态地匹配和加载到准确的线路、路段、车辆、时段上是进行城市公交复杂网络问题研究、分析和优化的重要基础工作。

(3) 城市公交网络的鲁棒性研究。对于城市公交系统来说,常规状态下主要需要注重运营效率的提升,即通过发车间隔等运营管理调度策略的改变来实现。但是在突发事件等特殊情况下,如大型体育赛事、音乐会、早晚高峰、路段损坏、洪涝灾害等,造成某一些线路或路段不能行使或通行能力骤降,如何使城市公交系统能够具备抵抗这些状况,使城市公交系统的鲁棒性得到保障,是线网规划、设计层面的重要工作,对于指导城市公交系统的新建和改建工作具有重要价值。

（4）城市公交网络的优化。对于城市公交系统来说，发车间隔是一个重要的参数，直接影响城市公交系统的运营调度方案，进一步影响城市公交系统的服务能力和服务水平，是决定城市公交系统通行能力优化的关键参数，常作为优化的自变量进行优化问题的研究。本书研究整个城市公交网络中不同的公交线路的发车间隔的优化，以发车间隔为自变量，进而寻求全局最优的发车间隔最优解集，使得乘客的出行时间最小化（车站等候时间和行程时间）、车辆的载客量满足车辆核载下最大化、公交运营公司的固定运营成本和动态运营成本最小化的综合最优化为目标，得到不同线路发车间隔的最优解集，为城市公交系统的运营调度管理提供决策依据和理论支撑。

1.5　内容结构与技术路线

1.5.1　内容结构

本书总共分为 7 个章节，主要内容如下：

第 1 章主要介绍了本文的研究背景、国内外研究现状、研究目的及意义、研究内容及创新点、内容结构与技术路线。

第 2 章主要介绍了本书研究过程中涉及的重要理论基础，包括复杂网络理论、基于复杂网络的城市公交网络模型、城市公交网络主要研究问题分类。

第 3 章主要介绍了基于出行链的公交客流 OD 矩阵生成模型，包括数据自动采集系统、OD 矩阵生成模型的建立（上、下车站点估算、总体 OD 估算）；基于数据融合、轨迹分析及系数划分的公交换乘客流生成模型，包括基于多源数据融合的 IC 卡刷卡站点匹配方法、公交乘客出行时空轨迹提取方法。对珠海市公交客流进行了分析，采用基于出行链的公交客流 OD 矩阵生成模型得到 OD 需求，采用基于数据融合、轨迹分析及系数划分的公交换乘客流生成模型得到 OTD 矩阵，尤其是换乘客流分布。

第 4 章基于 OD 及换乘客流进行客流特征分析（客流量、公交车辆运营、公交乘客出行特征的分析）以及客流分析的实证研究，同时，基于复杂网络理论的统计特征值分析了珠海市城市公交网络的统计特征值，反映了城市公交复杂网络的无标度、小世界特性以及线网中各边、点之间的连接关系。通过度、边权值、节点强度、承载压力、介数、聚类系数、平均路径长度等复杂网络统计特征值的计算,分析城市公交复杂网络在拓扑结构等静态特征上的特点和变化规律,对于全面掌握城市公交复杂网络的结构特点具有重要意义。

第 5 章建立了以客流驱动的城市公交网络加载模型及算法,主要内容包括数据基础的梳理、城市公交网络时空序列分析及动态客流加载、公交线路发车间隔及时刻表安排、客流时间序列和空间序列的计算方法、线路及车次客流的协调运营、每台车客流登降量计算及车载人数计算。此外,分析了城市公交网络拓扑结构的静态鲁棒性及不同攻击模式下静态鲁棒性的影响,通过客流加载,进一步分析不同攻击模式下城市公交网络的动态鲁棒性变化规律。以珠海市为例进行研究,提出了基于鲁棒性分析的城市公交网络拓扑结构的改善建议。

第 6 章在载客能力限制约束的限制下,研究动态需求下城市公交网络发车间隔优化模型,设计了粒子群智能算法来求解城市不同线路在不同时段内的发车间隔最优解集,使城市公交网络能够适应客流量的动态变化,最大限度地节省运营成本和提高运输效率、时刻表可靠性,增强城市公交线网的鲁棒性,并对珠海市城市公交网络在不同需求、不同时段、不同线路下的发车间隔进行了案例分析。

最后,对本书的主要创新点和不足之处进行了说明。

1.5.2 技术路线

本书基于已有的城市公交系统数据,如 IC 卡刷卡数据、车辆进站报站数据、线网地理信息数据、线路基本信息数据等,通过出行链、数据融合、轨迹分析、系数划分等方法进行 IC 卡刷卡站点匹配和乘客出行时空轨迹匹配和提取,获取城市公交系统动态需求,如 OD 流量和换乘流量,以动态 OD 及换乘数据为基础,建立了以客流驱动的城市公交网络加载模型,使城市公交网络线路、站点、车辆、乘客客流的 OD 及换乘数据根据时空序列动态地匹配和加载到准确的线路、路段、车辆、时段上,基于静态、动态数据,对城市公交复杂网络的静态鲁棒性、不同攻击模式下的静、动态鲁棒性等拓扑结构相关性能进行分析和优化,使城市公交网络线网规划更为优化;同时,考虑不同时段、不同线路的影响,求解费用最优的发车间隔,全面提升城市公交网络运营管理的整体水平。以客流驱动,通过对拓扑结构静态、动态鲁棒性和费用最优的发车间隔的优化研究,来优化动态需求下的城市公交线网规划和动态需求下的城市公交网络运营调度,具体的技术路线逻辑结构如图 1-1 所示。

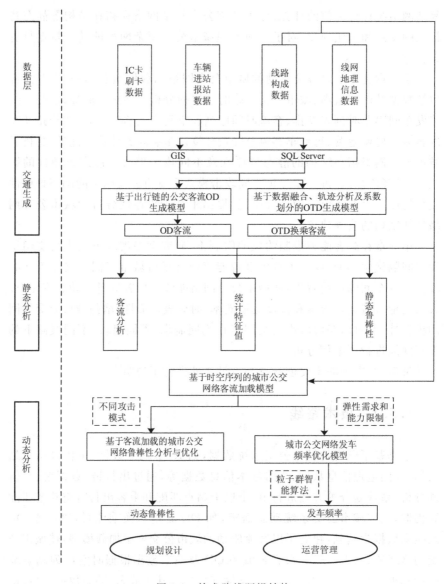

图 1-1　技术路线逻辑结构

第2章 城市公交复杂网络基础理论

城市公交系统是一个城市重要的出行方式,巨大的客流量以及日益复杂的城市道路环境给城市公交线路规划和运营调度带来了极大的挑战,主要可以表现在以下两个方面。

(1) 从公交网络的规划设计来看。由于城市居住、就业、商业、医疗、教育、工业等用地资源分布的不均衡,城市公交客流分布不均衡,造成公交线网规划不能适应公交客流随时间维度的动态变化以及公交运营调度不能适应公交客流随时间维度的动态变化,城市公交网络的拓扑结构在动态需求下的鲁棒性受到了严峻挑战,尤其是客流变化造成的城市公交网络重要节点失效或者某条重要道路的失效而引起的局部公交线网的瘫痪。同时,由于城市交通路网及公交线网的扩建和改造,城市道路交通系统的复杂程度不断增长,而城市轨道交通系统的迅速发展,轨道交通以其完全分离的专用路权、准时性等优势,在与城市公交系统的竞争中占据明显优势,造成城市公交系统的分担率逐年下降,城市公交网络作为一个典型的复杂网络系统,面临着新的机遇和挑战。因此,研究城市公交网络的拓扑结构在动态需求下的鲁棒性对于优化城市公交线网规划、提高公交服务水平具有重要意义。

(2) 从公交网络的运营调度来看。由于城市公交运营调度是静态方案,一旦城市交通需求发生明显变化,原有的调度方案和时刻表将不能满足客流的动态变化。因此,研究城市公交发车间隔/发车频率的优化,不断调整城市公交线路的运营调度对于提高城市公交线路准点率、提高公交服务水平具有重要作用。

为了解决以上两方面的问题,需要基于复杂网络理论对城市路网和城市公交网络进行拓扑结构的抽象化建模分析,在拓扑结构的基础上,基于IC刷卡数据等进行实际动态需求的估计,得到较为准确的乘客出行动态需求来进行客流加载模型和算法的构建,从而建立一套以客流驱动为基础的线网规划与运营调度优化模型和算法,从拓扑结构动态鲁棒性和发车间隔等角度提高城市公交网络的稳定性和服务水平。首先,需要对复杂网络基础理论、基于复杂网络的城市公交网络、城市公交网络主要研究问题分类进行研究。

2.1 城市公交出行及其网络特性

2.1.1 公交出行与客流网

公交出行是城市居民出行的主要方式之一,城市居民采用公交出行呈现出特有的一些特点。首先,乘客需要通过城市公交系统来实现日常出行。城市公交系统主要由公交线网、公交站点、公交车辆组成,公交线网和公交站点通常设置在出行量较大的城市节点或城市干道上,并不断地扩建、改线、调整其线网构成、线路走向以及公交线路中的每辆公交车的发车间隔和时刻表来满足乘客的出行需求。由于城市公交系统本身就是一个网络系统,并且其公交线网具有一些特殊的形态特征,如城区密集、由中心城区往外逐渐扩散、稀疏的特征,线网设计需要考虑非直线系数、线网密度和 500 m 服务半径等因素。因此,城市公交出行的客流同样会随着城市公交系统而形成特有的城市公交客流网。城市公交客流网与行人、非机动车、私家车、轨道交通等客流网的特征有着明显的不同,由于城市规划、城市道路网的限制,公交乘客网受到的约束较大,例如,公交线网和站点设置的不同、城市道路网的走向以及城市公交车辆的位置动态变化、发车间隔、载客能力、载客人数、换乘行为等都将直接影响城市公交客流网的变化。

2.1.2 公交客流网结构复杂特性

由于公交客流网与公交线网和站点设置、城市道路网的走向以及城市公交车辆的动态位置、发车间隔、载客能力、载客人数、换乘行为等直接相关。因此,其结构特性非常复杂。一方面,受到乘客动态出行需求的影响,需要考虑客流的动态分布;另一方面,公交站点网络与公交换乘网络对于公交客流网的复杂特性影响很大。乘客动态出行需求的影响,需要通过客流加载来建立客流驱动的公交客流网,并研究相关复杂特性,而结构复杂特性则需要重点考虑如何将公交站点网络与公交换乘网络结合来建立公交线网复杂网络模型。

公交站点网络主要反映人的一次完整出行中,从起点到终点经历了几次停车,探究一条线路内部各个站点的关系。

公交换乘网络主要针对换乘行为进行研究,补充了公交站点网络中的不足,实际上不同线路之间是连通的,连通的程度直接反映了网络的性能,具备较好换乘性的网络,吸引力和满意度更高。同时,也间接反映了不同公交线路网之间的竞争关系。

将公交站点网络与公交换乘网络结合,建立公交线网复杂网络模型。公交站点就是复杂网络节点,边是相邻站点间公交线路,边权值是站点间公交线路条数,从而构成了一个有向加权网络。由于公交线路的行驶轨迹受限于实际城市道路网络,停靠站点对于同一条线路的上下行也可能不同。对于每条公交线路按照实际线路、站点分布情况分为上行和下行(环线按照内环和外环)分别处理,对于公交车不同的支线、快车视为不同的线路,对于相同站名视为同一站点,忽略不同线路在同一站点停靠位置的差别。具体过程如下:

(1)将整个网络抽象为有向加权网络,即将公交站点设为公交网络的节点,其相邻站点间公交线路作为边,边上的边权值为两站点间的公交线路数量。

(2)若一条公交线路连续经过两个邻接站点 A 和 B,则存在一条边;反方向亦然。因此,这是一个有向网络。

(3)不考虑不同线路和车辆直接的各种差异,每条公交线路被认为具有相同的运输能力,相邻站点间具有相同的权重。

公交线网复杂网络模型具有以下特点:

(1)网络节点具有明确的空间位置和地理位置。

(2)受限于城市道路,邻接站点城市公交网络接近自然形成的路网结构。

(3)网络中单一节点所能连接的边的数目受到物理空间因素的限制,从而会影响到网络度的分布。

(4)站点(节点)间的长距离连接需要考虑空间距离、成本和线路利用效率,会影响公交网络的小世界行为。

(5)该公交复杂网络具有方向性。节点度分为入度和出度,入度是指由其他节点连向该节点的边数;出度是指该节点连向其他节点的边数。网络中除少数因交通管制等原因引起的节点出入度不同,绝大多数节点的出入度相等。

因此,城市公交客流网是建立在城市公交线网的复杂网络上的一个更加复杂、动态、自组织的复杂网络,对城市公交客流网的复杂特性研究对于城市道路网、城市公交线网的规划设计以及城市公交出行都具有深远影响。针对城市公交客流网的研究,需要在已有的复杂网络理论基础上建立以城市道路网为基础的基于复杂网络的城市公交线网拓扑结构模型,进而以乘客动态需求为已知条件,进行客流加载,建立以客流驱动的城市公交客流加载模型,研究城市公交客流网的鲁棒性、运输效率等复杂特性。

2.2 复杂网络基础理论

2.2.1 复杂网络基本概念

复杂网络是指具有自组织、自相似、小世界、吸引子、无标度五大特性中部分或全部性质的网络[32-33]。之所以称为复杂网络,其复杂性主要表现在:

(1)节点的数目非常大,网络结构特征很多,结构复杂。

(2)由于网络的变化而随之带来的节点或连接的产生与消失,比如网页或链接随时可能出现或断开,使得网络结构发生变化。

(3)节点之间的连接权重不同,且有可能存在方向性,连接具有明显的多样性。

(4)整个节点集可能属于非线性动力学系统,具有非动力性。

(5)以人际关系构成的复杂网络节点代表单独个体,万维网组成的复杂网络节点可以表示不同网页节点,网络具有多样性,复杂网络中的节点可以代表任何事物。

(6)由于以上多重复杂性相互影响,形成了多重复杂性融合,使整个网络更加难以预料。

在自然科学领域,网络研究的基本测度包括:度、度的相关性、集聚程度、最短距离、介数、连通度[34]。

2.2.2 复杂网络的基本特征

复杂网络一般具有以下特性。

(1)小世界。它以简单的措辞描述了大多数网络尽管规模很大但是任意两个节(顶)点间却有一条相当短的路径的事实。以日常语言看,它反映的是相互关系的数目可以很小但却能够连接世界的事实。

(2)集群即集聚程度的概念。集聚程度是一种网络的内聚倾向,其意义是网络集团化的程度。连通度反映的是一个大网络中各集聚的小网络分布和相互联系的状况。

(3)幂律的度分布。度是指网络中某个顶(节)点(相当于一个个体)与其他顶点的关系(用网络中的边表达)的数量[35];度的相关性是指顶点之间关系的联系紧密性;介数是一个重要的全局几何量,反映了顶点 u(即网络中有关联的个体)的影响力。无标度网络的特征主要集中反映了集聚的集中性。

2.2.3　复杂网络的常用统计特征

2.2.3.1　平均路径长度

平均路径长度[35]是全局特征的反映,是指两点之间最短路径上边的数目,反映了网络中节点间的分离程度,是指网络中所有节点对的平均距离。不同的网络结构对平均路径长度不同的含义,交通网络模型中平均路径长度可定义为站点之间的距离。

2.2.3.2　聚集系数

与网络的聚集系数不同,节点的聚集系数是指与该节点相邻的所有节点之间连边的数目除以相邻节点之间最大可能连边数目。网络的聚集系数[35]是指网络中所有节点聚集系数的平均值,反映网络节点的聚集性,也就是说同一个节点的两个相邻节点仍然是相邻节点的概率有多大,它反映了网络的局部特性。

2.2.3.3　度及度分布

在网络中,节点的度[36]是指与该节点相邻的节点的数目,即与节点连接的边的数目。而网络的度是指网络中所有节点度的平均值。度分布是指网络中任意节点的度恰好为某个值的概率。

2.2.3.4　介数

介数包括节点介数和边介数[36]。节点介数是指网络中所有最短路径中经过该节点的数量比例;边介数则是指网络中所有最短路径中经过该边的数量比例,反映了相应的节点或边在整个网络中的作用和影响力。

2.2.3.5　小世界效应

复杂网络的小世界效应[36]是指尽管网络的规模很大(网络节点数目 N 很大),但是两个节点之间的距离比我们想象的要小得多。即网络的平均路径长度随网络的规模呈对数增长。大量的实证研究表明,真实网络几乎都具有小世界效应。

2.2.3.6　无标度特性

对于随机网络和规则网络,度分布区间有限,在节点度均值的附近积累了大多数节点,这种节点集中现象说明节点具有同质性,所以节点度均值也是一个重要指标,可以被看作是节点度的一个特征标度[36]。而在节点度服从幂律分布的网络中,少数节点的度很大,大多数节点的度都很小,此时,节点具有异质性而非同质性,特征标度将会消失。节点度的幂律分布称为网络的无标度特性。

2.2.4 复杂网络模型分类及模型建立

图论的发展是复杂网络的重要基础,随后出现了 4 种复杂网络的基础模型,包括小世界模型、规则模型、无标度模型、随机模型。而城市公交网络实际上是一个小世界模型和无标度模型的结合。

在小世界网络被提出后,许多学者开始研究复杂网络的特征。但是,小世界网络虽然能一定程度反映真实世界的网络特性,现实网络度的分布却往往不完全满足泊松分布。因此,Barabasi 和 Albert[37] 提出了 BA 无标度模型,他们基于对万维网的研究,提出了一类具有节点异质性的网络概念。

无标度网络的特点是,其网络的度分布服从幂律分布,同时,具有增长性和偏好依附性。由于具有增长性,因而网络可以不断地增加节点和边。由于具有偏好依附性,网络中新的节点更倾向于与具有较高连接度的节点连接,使网络节点间的差异更加明显,这种现象又叫作"富者愈富"或"马太效应"。无标度网络中平均路径长度和聚类系数也很小,多数节点的度也都很小,但比起同规模的随机网络,无标度网络的聚类系数更大,当网络规模超过临界点时,无标度网络与随机网络的聚类系数均趋于零。

通常用规则网络、小世界网络、随机网络、无标度网络 4 种基础网络模型(见表 2-1)来描述网络基本结构,然而现实网络往往比基础网络更加复杂。大量研究表明,现实网络同时具有小世界效应和无标度特征,而小世界和无标度特性的建立是以规则网络和随机网络为基础,说明 4 种网络模型是复杂网络模型的研究基础。

表 2-1 复杂网络模型类别

网络种类	度分布	平均路径长度	聚类系数
规则网络	单点分布	大	大
小世界网络	指数分布	小	大
无标度网络	幂律分布	不确定	不确定
随机网络	二项分布或泊松分布	小	小

　　根据 4 种复杂网络模型的特点,对于不同的复杂网络,由于平均路径长度、聚类系数、度分布等统计特征值不同,需要在分析完统计特征值后,选择最为合适的网络。

　　很多的实际复杂系统被人们所依赖,但是往往是直接应用,却不了解其具体的特性,其中的一个主要问题在于这些系统的数据获取很难,并且缺乏相关的分析工具。随着计算机、检测、通信等技术的快速发展,数据获取的手段越来越多,数据的多样性也越来越明显,如今很多实际系统数据的保存、获取、分析问题都得到了有效解决,复杂网络理论就是系统分析的一条新的路径。近年来,不同领域的现实网络分析研究得到了有效的开展,不仅加深了人们对于特定网络的了解和认识,也揭露了很多隐藏在网络背后的科学知识。网络分析研究的对象主要包括社会网络、交通网络、基础设施网络、生物生命网络等。社会网络与生物生命网络分析方面的研究比较有代表性。

　　针对社会网络模型的研究源于 20 世纪 60 年代美国社会心理学家 Milgram,他进行了著名的“小世界”实验[38],验证六度分离理论。在“小世界”实验中,每一位参与者将一封信件寄给一个收件地址未知的陌生人,并且只可将信件转寄给他们认为可能认识收件人的朋友,收件人的朋友可以再进行转寄,直到信件到达收件人手中。实验结果显示,任何信件最多通过 6 次转寄就能交到收件人,反映了社会网络的小世界特性。

　　随着互联网技术的发展,社交网络使人们联系越来越紧密,由于用户量巨大,因此表现出了很明显的网络特征,具有很高的研究价值。近年来以 Facebook 为代表的线上社交网站快速崛起,彻底改变了人们的生活方式,社会网络分析研究成为热点,Lars 等[39]在 2012 年使用 Facebook 社交网络的数据进行社交网络分析,该数据覆盖全球,包含 721 万多用户、690 亿多条朋友关系,以人为计算单位,通过研究计算得出世界上人与人间的平均间隔为 3.74 人,这与理论上六度分离理论指出的 6 人完全不同。实验结果还指出这种改变源于以社交网络为代表的现代信息技术对于人类社交圈的新的拓展。除了社交网络之外,金融网络、信息传播、疾病传播、食物链[40]、人脑机能[41]等其他社会网络的研究同样吸引了人们的关注。但是,对于社会网络的研究主要集中于网络的静态统计特性(例如,度的分布特性、聚类系数)、社区结构、信息传播扩散等方面的分析研究。

　　在科学研究中,由于缺乏完整的观测实例或数据,很多时候很难甚至无法总结推断出隐藏在现象背后的科学知识。通过建模的方法来刻画现实数据的规律能够抽象地解决数据缺失的问题,达到一定的研究目的和现实结果。在网络建模研究中比较有代表性的研究有 4 个方面。

Erdos 等[42]于 1959 年提出了随机网络模型。在随机网络模型中,任意两个节点之间按照既定概率 p 连接。Erdos 等基于概率论知识从理论上推断并解释了模型中一些网络边界现象。例如,大型网络的连接概率如果满足 $p \geqslant \ln N / N$(其中 N 是网络的节点数),则整个网络将形成连通网络(连接概率趋近于 1,也就是网络中任意一个节点都可以通过至少一条路径到达其他节点);而当条件不满足 $p \geqslant \ln N / N$ 时,整个网络却是以趋近于 0 的概率形成连通网络,即不构成连接。随机网络模型的重要意义在于证明了网络的特征路径长度服从 $L \sim \ln N / \ln(pN)$ 的分布形式,说明了随机网络具有较小的特征路径长度的特点,这是与在常见现实网络中观测到的小世界特性契合。

小世界网络模型是由 Watts 等[32]于 1998 年提出,对后续网络模型的研究产生了重大影响。小世界网络基于随机网络和规则网络模型的基本思想,按照预设概率 p 对网络中的所有连边进行连接。实际上,小世界网络模型本质上仅仅是对规则网络与随机网络的插值泛化,即 $p=0$ 的情况对应于规则网络,$p=1$ 的情况对应于具有某一连接概率的随机网络。可是仿真实验却反映了其他的结论,当节点连接概率 p 较小时,模型不但保留随机网络模型的小世界特性,还描述了高聚类特性,也就是网络具有较大的聚类系数。但是,由于小世界模型存在生成网络出现孤立群的可能性,同时理论分析较为复杂,之后又出现了小世界模型等[43]。实际上,小世界网络模型给出的结论是针对少量随机长距离连边对于改善网络性能的重要作用,它们是现实网络出现小世界特性的真正原因。

Barabasi 等[33]于 1999 年提出了无标度网络模型,是 4 类基础网络模型之一。在无标度模型中,网络的演变过程是从一个少量节点的原始网络开始,在每个时间步长内向网络中添加一个新的节点,新的节点按照线性概率公式 $p(k_i) = k_i \big/ \sum_j k_j$,随机地从现有网络中选择 m 个节点进行连接,式中 k_i 为节点 i 的度值,$p(k_i)$ 为节点 i 被选择的概率。为了进行验证,通过平均场理论和数值仿真,得到无标度模型的生成网络拥有 $p(k) \sim k^{-3}$ 形式的度分布的结论。之所以命名为无标度模型,是由于度的分布的幂指数不受网络规模大小的影响,能够始终保持为 -3 的显著特点。无标度模型的发现具有重要意义,该模型证明和解释了大量现实网络拥有幂律度分布现象的特点。但是无标度模型存在一些缺陷,例如,无法解释非增长网络、生成网络不具备现实网络的社区结构、幂指数单一等问题,又出现了 BBV 模型[44]、适应度模型[45]等。

除了以上网络模型的研究,针对实际问题的建模研究也很多。例如,

Singh 等[46]以子宫的蠕动为研究对象建立了网络模型,并提出网络中细胞可以通过耦合强度来影响子宫蠕动,这是因为较强的耦合强度能够让细胞作为网络节点出现一致的生物振荡,从而形成临产时的子宫周期性蠕动现象。Zhou 等[47]建立了一个社交网络模型,基于线上社交网络的订阅推送特性描述了此类网络的许多新的特性。Ignacio 等[48]从大脑行为出发,构建了一种自适应调整网络模型,模型以大脑区域为节点,被赋予其可变的状态属性,该模型较好地描述了大脑行为过程中实际观察到的社区结构特点与截断幂律度分布特性。

2.3　基于复杂网络的城市公交网络研究

2.3.1　道路网络拓扑结构建模

路段和交叉口是构成路网的两大元素,对于道路网的拓扑结构建模来说,拓扑结构中的"路段"与现实生活中的"道路"不同,在构建道路网拓扑结构时需要对道路的起终点进行重新定义,一般按照 3 条规则界定现实路网中的"道路"。

(1)由于道路长度的限制等原因,一条道路可能按长度被分为两条或两条以上,当标准横断面相同时,则视为同一路段。

(2)剔除路网中的断头路,因为断头路与其他道路没有交叉关系,对路网的整体特性没有影响。

(3)由于支路可代替路径较多,其局部拥堵对整个城市路网影响较小,因此在对道路网进行复杂网络特性分析时不考虑支路,只研究路网中次干道以上等级的道路。

图论作为被应用于路网拓扑结构的基本方法,只能在宏观角度上简单描述路网的结构,而无法对现在复杂的城市路网作定量化的研究。目前,国内外学者通过运用空间句法[49]、分形几何学[50]、agent-based 仿真[51]以及复杂网络理论[52]对城市路网进行更深层次的研究和分析。其中,基于复杂网络理论的城市路网抽象化方法主要包括原始法[53]和对偶法[54]。

2.3.2　城市公交网络拓扑结构

基于以上两种城市路网拓扑结构抽象化方法,对于城市公交网络拓扑结构的建模方法主要有 3 种,分别是 Space L 方法[55]、Space P 方法[56] 和 Space R 方法[57]。在 Space L 方法中,将公交站点定义为网络节点,如果两个公交站点在至少一条公交线路中作为相邻的两个站点,则这两个站点间连接一条边。在 Space P 方法中,网络节点仍定义为公交站点,如果至少有一条公交线路停靠两个公交站点,则这两个公交站点之间连接一条边。而在 Space R 方法中,将公交线路定义为网络节点,如果两条公交线路至少有一个公共的停靠站点,则这两条线路间连接一条边。

(1) 公交站点网络(Space L 网络)最接近现实,节点是公交停靠站,边是两个站点在某一条公交线路上相邻时的道路。公交站点网络是现实网络空间分布的一种反映,点权反映了站点的便捷性和重要性、该停靠站的停靠线路数。网络的平均路径反映了出行一次平均乘坐的公交站点数。

(2) 公交换乘网络(Space P 网络)是乘客换乘便捷程度的最直接体现,节点是公交停靠站,边是两个站点之间的直达公交线路,反映了各站点的空间直达性的程度,其最短路径反映了任意两个站点之间最少换乘的公交线路数目。

(3) 公交线路网络(Space R 网络)是公交线路重复性和竞争性的体现,以公交线路为节点,若两条线路之间有相同的停靠站点就有边,反映了线路之间的竞争关系。各条公交线路之间的关系是主要核心问题,网络节点度表示在出行中的重要程度,节点强度反映了两条线路之间的重复站点数目。

公交站点网络主要反映了同一条线路上的站点关系,研究的是人的一次出行,即从起始站到终点站要经过几次停车。

公交换乘网络主要研究公交线路和线路之间的连通关系,在空间上反映了站点之间的连通情况。公交系统应具备较好的换乘性,即较少的换乘次数,方能提供公交吸引率,提升乘客满意度。公交线路网络主要研究公交线路和线路之间的竞争关系,也一定程度上反映了线路之间的连通情况。

公交站点网络与公交换乘网络的研究可以分开来考虑。

2.3.3 城市公交网络建模参数与建模原则

复杂网络理论作为网络的一种分析方法,同样也运用网络分析的基本方法,即构建邻接矩阵。公交网络拓扑结构得到以后,通过邻接矩阵 A 可以表示公交网络。若节点 i 和节点 j 有边相连,则 $a_{ij}=1$;否则,$a_{ij}=0$。并且规定 $a_{ij}=1$,即节点自身总是相连的。

对于城市公交网络同样需要通过节点和边的连接,但是在城市公交网络中,节点是公交站点,边是公交站点之间的路线,由此形成城市公交网络的拓扑结构,并且城市公交网络的边还应具有方向性(即上下行方向),最终建立基于邻接站点的有向加权复杂网络模型。

由于公交线路的行驶轨迹受限于实际城市道路网络,停靠站点对于同一条线路的上下行也可能不同。对于每条公交线路按照实际线路、站点分布情况分为上行和下行(环线按照内环和外环)分别处理,对于公交车不同的支线、快车视为不同的线路,对于相同站名视为同一站点,忽略不同线路在同一站点停靠位置的差别,建立基于邻接站点的城市公交复杂网络模型需要遵循以下原则:

(1) 将整个网络抽象为有向加权网络,即将公交站点设为公交网络的节点,其相邻站点间公交线路作为边,边上的边权值为两站点间的公交线路数量。

(2) 若一条公交线路连续经过两个邻接站点 A 和 B,则存在一条边,反方向亦然,因此,这是一个有向网络。

(3) 不考虑不同线路和车辆直接的各种差异,每条公交线路被认为具有相同的运输能力,相邻站点间具有相同的权重。

城市公交复杂网络模型具有以下特点。

(1) 网络节点具有明确的空间位置和地理位置。

(2) 受限于城市道路,邻接站点城市公交网络接近自然形成的路网结构。

(3) 网络中单一节点所能连接的边的数目受到物理空间因素的限制,从而会影响到网络度的分布。

(4) 站点(节点)间的长距离连接需要考虑空间距离、成本和线路利用效率,会影响公交网络的小世界行为。

(5) 该公交复杂网络具有方向性,节点度分为入度和出度,入度是指由其他节点连向该节点的边数,出度是指该节点连向其他节点的边数,网络中除少数因交通管制等原因引起的节点出入度不同,绝大多数节点的出入度相等。

基于以上方法,可以构建基础的基于复杂网络的城市公交网络模型,但是目前大多数研究均是研究静态网络,或是复杂网络的某一方面的研究,比如客流行为特性,抑或是其他领域的复杂网络。

2.4　城市公交网络鲁棒性研究

由于复杂网络往往呈现出"鲁棒易碎性",即网络中不同节点的重要性和敏感性不同,当其中某些节点被蓄意破坏时(如自然灾害、道路网节点因道路维修的破坏造成的通行能力下降、演唱会、体育赛事等大型活动结束造成的流量增加），对整个网络影响非常大，这时复杂网络呈现出较强的敏感性，甚至表现出层叠破坏的现象（cascading failure）[58]。因此，研究复杂网络拓扑结构在不同攻击模式下的鲁棒性，尤其是考虑动态客流加载的动态鲁棒性具有重要意义，其中，除了网络建模以及一般特性的挖掘之外，研究的最终目的是探求避免层叠破坏现象的阈值下限，增强复杂网络的拓扑结构鲁棒性。主要研究有 3 方面的进展。

（1）拓扑结构鲁棒性方面，仅有 Scale-free 网络的动态交通流层叠破坏现象和加权城市公交网络中客流状态动态传递的研究，但考虑加权城市公交网络中动态客流的动态鲁棒性即层叠破坏现象的研究基本没有。

（2）现实性和动态性的考虑方面，针对城市公交网络的拓扑结构研究，公交网、地铁网、航空网、铁路网的研究都有，但几乎都是静态拓扑结构的研究，大多采取在虚拟 Space L 或 Space P 网络中去除一些节点和边来测试复杂网络的反应方式进行拓扑结构在攻击下的鲁棒性研究[59][60]。

（3）客流加载的考虑方面，Seoul Subway System[61]、Singapore Public Transportation System[62]、Beijing Bus Routes System[63] 的研究在城市公交网络复杂网络中考虑了客流的出行路径，但却没有在底层的物理结构上进行加载考虑，仅停留在客流出行路径的研究上。Huang[64] 提出了针对北京城市公交网络的拓扑结构鲁棒性优化模型，并在模型中考虑了客流。北京城市公交网络不仅考虑了 Bus Stop Networks(BSN)，同时还考虑了城市轨道运输系统，构成了 Multimodal Public Transit Networks（MPTN），对比了城市公交网络鲁棒性与城市轨道运输系统等其他复杂网络的鲁棒性。此后，Huang[65] 为了研究拓扑结构和客流变化，城市公交复杂网络的动态演变规律提出了城市公交复杂网络的双层演变模型来模拟城市公交复杂网络的动态发展和变化，探求节点强度分布、边权值不同的变化，采用迭代算法计算。

目前最新亟待解决的问题是：

（1）随机攻击或者蓄意攻击下，客流动态再分配后，城市公交网络复杂网络拓扑结构的鲁棒性如何。

（2）城市公交网络复杂网络拓扑结构被攻击时在哪个阈值下限表现出来。

（3）将拓扑结构鲁棒性与动态客流加载结合考虑的研究没有。

（4）在以上研究基础之上，再研究城市公交复杂网络的发车间隔等指标的优化研究没有。

因此，在城市公交复杂网络系统中，影响的因素很多，在现实层面，将所有因素整体考虑的研究很少且许多问题还没有得到很好的解决。所以在 Space L 或 Space P 结构下的真实城市公交复杂网络中,加载动态客流,研究随机攻击或者蓄意攻击下,拓扑结构鲁棒性的层叠破坏现象阈值下限的研究具有重要意义。在此基础之上,再考虑城市公交网络的发车频率/发车间隔的优化,则更具创新性。

2.5　城市公交网络优化模型研究

以上介绍了复杂网络研究的最新进展,由于系统地研究考虑客流的复杂网络拓扑结构鲁棒性即层叠破坏现象的研究很少,大多是针对不同的城市公交复杂网络进行某一些特定问题的研究。因此,下面将这些问题进行分类。

2.5.1　基于鲁棒性分析的关键节点确定及网络性能优化

为了找出城市公交复杂网络的拥堵点和脆弱点,分析城市公交复杂网络中的关键节点是重要工作。近年来,针对节点重要性如何度量引起了许多学者的关注,在此基础之上,衍生出很多节点重要性的排序方法,其中有度排序[66]、接近中心性排序[67]、介数中心性排序[68]、特征向量排序[69]、PageRank[70][71]、LeaderRank[72] 与 H 指数[73]等。在以上方法中,其中度排序方法是最常用的方法,而接近中心性排序、介数中心性排序都需要用到网络全局的信息,并且计算时间长、计算复杂度过高,考虑到现实条件的限制,在应用上具有局限性。Chen 等[74]建立了半局部中心性指标,能够在一定的控制范围内扩大节点领域覆盖面,从而平衡了计算精度与计算时间、复杂程度的关系。王建伟等[75]考虑了节点与邻近节点的相关性,节点的重要性与节点自身、邻近节点的度相关,当节点及其邻近的度越大,节点的重要性越高;从集聚程度的角度,基于邻近信息与集聚系数,任卓明等[76]提出了节点重要性评价算法,综合考虑节点的度数及其邻近节点的关系。Ugander 等[77]通过研究发现,邻近节点的联通子图数目由节点重要性决定。Kitsak 等[78]通过剥离的思路,提出了 K-shell 分解算法,其大致思路是按照度的排序,由外向内,位于内层的节点拥有较高的重要度,将网络外围度数小的节点逐层剥除,但是 K-shell 分解算法较为简单、粗略,对于节点重要性的区分度不够。

上述节点重要性评价指标主要是基于网络鲁棒性与脆弱性的方法,事实上关键点检测与具体的研究背景紧密相关,在节点传播影响力以及网络可控性的背景下,节点重要性评价方式又有所不同。基于网络传播动力学模型[79]评价排序算法的研究成果丰硕。Chen 等[80]认为节点影响力不仅由节点拥有的信息传播路径数量决定,同时还与传播路径的多样性紧密相关;Li 等[81]将网络的动态行为抽象为一个马尔可夫链,将动态行为用于评估节点的影响力;Liu 等[82]考虑了传染率、康复率、有限的时间步 3 个参数,以参数的最优化为基准寻找网络中最有影响力的节点,并分析了离散的网络SIR 传播动力学。除此之外,还有许多基于影响力的传播效率进行评价的方法[83]。针对复杂网络的可控性[84-85]研究,其主要目的在于如何寻找最佳的驱动节点,从而让系统达到期望,驱动节点可以看作是网络的重要节点。Zhou 等[86]为了提高网络牵制、控制的速度,研究了该速度与度的关系,得出如果驱动节点选取网络的一些度数小、反馈增益高的节点,能够较好地控制网络;Liu 等[87]通过基于出入度情况有效的层级划分,将节点按照重要程度进行了划分,同时,提出了用于有效打击整个网络可控性能的改进策略;Jia 和 Pósfai[88]采用随机抽样法,计算每个节点作为驱动节点的可能性大小,得出了一定的分布规律,当节点的入度越大,越不容易成为驱动节点。目前有关网络可控性的研究方法已经很多,理解不同环境下的节点重要性定义对于该领域的应用非常重要。

2.5.2　城市公交线网规划优化模型及算法

针对假想的公交网络,通过数学方法求得最优的城市公交网络。

(1)客流分配模型。假设乘客在车站每次选择具有吸引力的公交线路集到达目的地,使得所选择的线路集的期望费用最小,这样的公交线路集称为一个策略。如果乘客不能单方面改变自己的策略出行而减少其策略期望费,这种状态称为策略均衡状态,进行客流均衡分配[5],建立下层最优化模型。

(2)双层规划模型。根据出行费用最少、营运单位的运营费用最少和运送的客流量(总票价收益)最多为目标,使得系统的收益最大,建立上层最优化模型[66]。

(3)多目标优化算法。首先生成初始网络,公交线网规划问题是一个复杂的多目标组合优化问题,为了求得全局范围内的优解,采用模拟退火算法等多目标搜索算法[89]进行求解。

设定线路参数的约束条件,根据客流量的大小,得到线网规划优化各类操作的选择概率。按以下几种方法调整线路:删除线路;生成线路;替换线路;延伸线路;缩短线路;拼接线路;拆分线路。

2.5.3　城市公交复杂网络调度发车频率优化

为了提高公众出行效率,针对出行者对于城市公交线路的选择问题,建立公众出行的任意两站点间公交线路优化选择模型[90-91]。通常通过设置权重因子,综合考虑换乘车次数、乘车时间和乘车费用等多个因素,在换乘车次数不超过两次的情况下,将乘车费用和时间融合成一个综合评价指数,建立了线路时刻表等问题的优化模型,得出了直达、一次换乘车和两次换乘车的具体结果。给出权重因子取值为 1 时的建议性线路验证模型和算法的合理性和实用性[92-93]。

2.5.4　城市公交网络综合评价指标体系优化模型

由于城市公交系统是一个复杂网络系统,因此,不能单靠某一个因素或者指标来判断其好坏或者决定最优方案。实际上,在城市公交网络内,每个因素或者指标对于公交系统的整体运营效果的影响程度也不同。因此,该问题可以视为一个权重不均的多目标问题,许多学者,如钱萌[93]、别一鸣[94]等采用的研究方法是建立多目标的综合评价指数来衡量城市公交线路的优劣,并以此体系为目标进行优化建模,全面地提高城市公交系统的性能。

2.6　本章小结

综上所述,城市公交网络建模方法的研究主要集中于公交、地铁网络的分析建模、换乘算法设计、网络优化等方面。基于公交网络建模的基础之上,在公交优化问题的研究中,国内外学者从不同角度出发,选择乘客出行时间、乘客总出行量、公交运营费用、发车间隔等要素为优化目标,通过以路网、线路长度、线路非直线系数、线路最大客流量限制、道路流量限制、站点客流量限制和换乘次数为约束条件,建立优化模型,得出最优的公交运营调度方案。

复杂网络理论主要包括其小世界、无标度、幂律、集群的基本特征以及平均路径长度、度、聚类系数、节点强度、边权值等统计特征值来反映复杂网络的拓扑结构特点。复杂网络模型主要有规则模型、随机模型、小世界模型、无标度模型 4 类,对于城市公交网络,小世界模型和无标度模型的描述最为贴切。

　　在城市公交网络建模及优化和复杂网络理论模型的基础之上,如何将以上理论进行结合并结合实际条件来提高城市公交系统的鲁棒性和效率具有十分重要的意义。因而基于复杂网络的城市公交网络模型成为该领域的研究热点,已有研究中,大多数研究为拓扑结构鲁棒性、现实性与动态性、客流加载分开考虑,主要的问题包括基于鲁棒性分析的关键节点确定及基于关键节点的网络性能优化、城市公交复杂网络线网规划优化、城市公交复杂网络鲁棒性、脆弱性、可靠性研究、建立综合评价指标体系优化模型、城市公交复杂网络调度发车频率优化,但是如何将拓扑结构鲁棒性、现实性与动态性、客流加载结合,在真实城市公交网络复杂网络中,加载动态客流,研究随机攻击或者蓄意攻击下,拓扑结构鲁棒性的变化及安全阈值的研究更具有价值,在此基础之上,再考虑城市公交网络的发车频率/发车间隔的优化。本文都将系统地就以上内容进行深入研究,并在此基础之上提出新的建模方法和算法。在研究城市公交网络的拓扑结构在动态需求下的鲁棒性变化规律和优化城市公交发车间隔/发车频率之前,由于公交 IC 卡办卡率不能完全覆盖、IC 卡数据有效性、IC 卡数据已知时公交换乘数据匹配难度大等原因,城市公交网络具有明显的数据结构性缺失的特点,如何准确掌握城市公交网络的动态需求变化,进而克服城市公交网络数据结构性缺失的问题,具有重要意义。因此,另一个重要的研究议题是如何通过一定比例的有效 IC 卡数据,采用一定的技术手段来得到乘客出行轨迹以及准确的 OD 数据和换乘数据,是研究城市公交网络的拓扑结构在动态需求下的鲁棒性变化规律和优化城市公交发车间隔/发车频率的重要基础。

第3章 基于复杂网络的公交 OTD 矩阵生成模型及算法

3.1 基于复杂网络的城市公交网络模型

城市路网复杂网络特性分析需要以城市路网拓扑结构为基础,应当采用科学的方法来分析城市路网的拓扑结构,为采用技术手段优化城市路网环境下的交通系统打下基础。路网组成的两大要素是路段和交叉口,在分析路网拓扑结构时,拓扑结构的"路段"与真实世界的"道路"不同,所以需要重新定义道路的起终点,通常按照3条规则界定现实路网中的"道路"。

(1) 由于长度限制,一条道路由几段组成,标准横断面相同则视为同一路段。

(2) 由于支路可代替路径较多,局部拥堵对整个城市路网影响较小,故在对城市路网进行复杂网络特性分析时不予考虑,研究对象仅限次干道以上等级的道路。

(3) 由于断头路与其他的道路没有交叉联系,故对路网的整体特性无影响,所以剔除路网中的断头路。

图论作为被应用于路网拓扑结构的基本方法,只能在宏观角度上简单描述路网的结构,而无法对现在复杂的城市路网作定量化的研究。目前,国内外学者通过运用分形几何学、agent-based 仿真、空间句法以及复杂网络理论对城市路网进行更深层次的研究和分析。其中,基于复杂网络理论的城市路网抽象化方法主要包括原始法和对偶法,如表 3-1、图 3-1 所示。

表 3-1 城市路网抽象化方法的特点

方　法	描　　述	优　　点	缺　　点
原始法	路段抽象成城市路网中连接节点的边,交叉口抽象成城市路网中的节点	能够直观反映城市路网的连通性; 节点之间的距离通过边权值的形式映射在边上,用于分析节点区位特性;直观、简单、容易理解	不能体现不同路网布局在道路衔接结构上的差异

续表

方　　法	描　　述	优　　点	缺　　点
对偶法	将城市路网中的路段抽象成节点,并将交叉口抽象成连接节点的边	保留各条道路之间的空间关系和交通网络的布局特点; 更能反映城市路网结构的深层特征; 通过对偶来降低建模难度,减少工作量	忽略道路长度及其他属性,将道路视为无量纲的实体

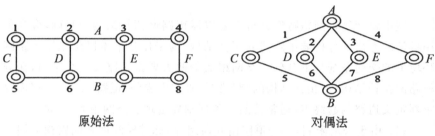

原始法　　　　　　　　　　　　　对偶法

图 3-1　城市路网抽象化方法

基于以上两种城市路网拓扑结构建模方法,对于城市公交网络拓扑结构的建模方法主要有 Space L、Space P、Space R。其中,Space L 方法将公交站点定义为网络节点,当两个公交站点在至少一条公交线路中作为相邻的两个站点时,将这两个站点间连接成一条边。而在 Space P 方法中,虽然网络节点仍被定义为公交站点,但是如果至少有一条公交线路停靠两个公交站点,就将这两个公交站点用边相连。Space R 方法与以上两种方法都不同,其将公交线路定义为网络节点,并且如果两条公交线路至少有一个公共的停靠站点,将这两条线路用边相连。

在得到公交网络拓扑结构后,通过邻接矩阵 A 能表示公交网络。若节点 i 与节点 j 有边相连,则 $a_{ij}=1$;否则,$a_{ij}=0$。规定 $a_{ij}=1$,即节点自身总相连。

对于城市公交网络同样需要通过节点和边的连接,但是在城市公交网络中,节点是公交站点,边是公交站点之间的路线,由此形成城市公交网络的拓扑结构,并且城市公交网络的边还应具有方向性(即上下行方向),为了更加真实、直观地反映城市公交网络站点之间的连通关系,采用原始法中的 Space L 方法来建立城市公交网络拓扑结构,以最真实地反映城市公交网络的状态。由于公交线路的行驶轨迹受限于实际城市道路网络,停靠站点对于同一条线路的上下行也可能不同。对于每条公交线路按照实际线路、站点分布情况分为上行和下行(环线按照内环和外环)分别处理,对于公交车不同的支线、快车视为不同的线路,对于相同站名视为同一站点,忽略不同线路在同一站点停靠位置的差别,建立基于邻接站点的城市公交网络模型。

(1)将整个网络抽象为有向加权网络,即将公交站点设为公交网络的节点,其相邻站点间公交线路作为边,边上的边权值为两站点间的公交线路数量。

(2)若一条公交线路连续经过两个邻接站点 A 和 B,则存在一条边,反方向亦然,因此,这是一个有向网络。

(3)不考虑不同线路和车辆直接的各种差异,每条公交线路被认为具有相同的运输能力,相邻站点间具有相同的权重。

基于邻接站点的城市公交网络模型具有以下特点。

(1)整个网络中,每个节点都具有明确的空间和地理位置。

(2)基于邻接站点的城市公交网络与自然形成的路网结构类似。

(3)网络中节点连接的边的数量会影响网络度的分布。

(4)节点间的长距离连接,会考虑空间距离、成本和线路利用效率等因素,影响公交网络的小世界行为。

(5)具有方向性,节点的度分为入度和出度,入度是指由其他节点连向该节点的边的数量;出度是指该节点连向其他节点的边数。网络中绝大多数节点的出入度相等,除少数因交通管制等原因引起的节点出入度不相等。

3.2　公交客流数据自动采集系统

公交 OTD(Origin Transfer Destination)矩阵在公共交通领域有着非常重要的地位,包括公交 OD 矩阵和公交换乘矩阵,是公交网络规划设计、公交运营管理等的基础。人工进行公交客流调查的方法消耗巨大的人力、物力,并且取得的数据精度难以控制,也难以获取公交出行客流的长期变化趋势。随着自动收费系统(Automatic Fare Collection,AFC)(公交 IC 卡)、公交自动定位系统(Automatic Vehicle Location,AVL)、乘客自动计数系统(Automatic Passenger Count,APC)等先进技术的应用,使得获取大量、长期、实时的公交客流 OTD 成为可能,通常将公交站点网络和公交换乘网络分开来研究,得到公交 OD 矩阵和公交换乘矩阵,进而组成公交 OTD 矩阵,如图 3-2 所示。

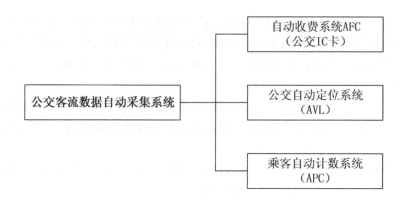

图 3-2　公交客流数据自动采集系统

3.3　基于出行链的公交客流 OD 矩阵生成模型

公交 IC 卡数据记录了乘客刷卡的时间,以及对应的公交车信息;公交自动定位系统 AVL 能实时采集公交车的位置信息;乘客自动计数系统 APC 能记录公交车上下车乘客的总数。然而,这些数据自动采集系统并不能直接获取公交客流 OD。目前,公交 IC 卡在各大城市都已经普及,但大多采用上车刷卡、下车不刷卡的一票制模式,仅少数城市要求上下车均刷卡。此外,公交 IC 卡的数据仅记录了乘客刷卡时间,需结合 AVL 系统获取公交车位置和对应的时间信息或公交车的运营排班计划信息,才能推算出乘客上下车的站点。又由于并非所有的公交出行都使用了 IC 卡,即便使用了 IC 卡也不一定能够推算出 OD 信息。因此,需要结合 APC 数据或者 IC 卡的使用覆盖率,根据已推算得到的样本 OD,获取总体的 OD 信息。

本文提出了各种数据环境下的 OD 矩阵生成模型,图 3-3 描述了 OD 矩阵估算的流程,主要分为上车站点估算、下车站点估算,以及总体 OD 估算三个部分,每个部分根据相应数据的获取情况,会采用不同的估算方法,下面将分别对这 3 个部分的估算方法进行介绍。

3.3.1　基于 GPS 和 AVL 的上车站点匹配

公交自动定位系统 AVL 结合公交站点所在位置信息,得到公交车辆到达各个站点的时间,再将其与公交 IC 卡上车刷卡数据的时间信息进行匹配,由此可以得到公交乘客的上车站点。

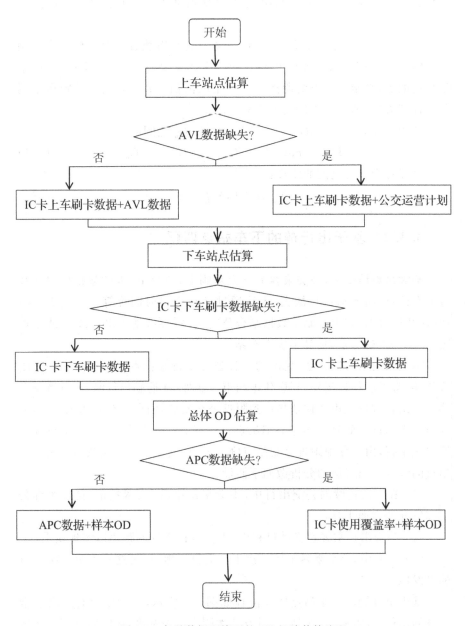

图 3-3　各种数据环境下的 OD 矩阵估算流程

　　无法获取 AVL 数据时,常用的方法是结合公交运营排班计划,聚类分析乘客上车刷卡数据,估算上车站点[95]。从同一站点上车的乘客 IC 卡刷卡数据在时间上表现出集中性,可采用时间聚类方法将同一站点上车的乘客聚合成同一类,再把聚类结果与线路站点匹配,实现乘客上车站点的估算。

这里采用凝聚层次聚类算法,将一趟公交车搭载过的每一位乘客的刷卡时间 T_i 作为个体点,初始状态时,每个个体点视为一个类,相继合并两个最接近的类,直至每个类的距离大于设定的阈值 ΔT。类之间的距离采用单链计算方法,即两个类的最近点的时间差。

如用 $G_1,G_2,\cdots,G_p,G_q,\cdots$ 表示类,则 G_p,G_q 之间的距离

$$D_{pq} = \min|T_i - T_j|, i \in G_p, j \in G_q \tag{3-1}$$

且任意两个类之间的距离:

$$D_{pq} > \Delta T, \forall p \neq q \tag{3-2}$$

3.3.2　基于出行链的下车站点匹配

绝大多数情况下,公交乘客下车无须刷卡,公交 IC 卡的数据仅包含乘客上车信息,而下车信息缺失,无法通过下车刷卡时间推算下车地点。因此,往往通过 IC 卡上车刷卡数据结合公交线网信息,基于出行链[96] 或站点吸引[97][98][99] 的方法,估算乘客下车站点。

本文采用出行链方法,居民的一日公交出行起讫点连接可形成一个闭合的环,常以居住地出发、到居住地结束。例如,在通勤出行时,出行者整个第一次出行过程是由居住地步行到附近公交站点,刷卡乘车到达工作地,完成第一次出行。此时只知道上车站点,而不知道下车站点。乘客下班开始第二次出行,由工作地附近公交站点刷卡上车,其出行起点站认为是第一次出行的终点。出行链的分析做如下假设。

(1)在一次连续的公交出行中,不会采用小汽车、摩托车、自行车等公交车以外的交通工具。

(2)公交出行乘客在换乘过程中,不会步行太远的距离以实现换乘。

(3)一天中,公交乘客最后一次出行的目的地,也是这一天第一次出行的出发地。

基于出行链的下车站点估算流程如图 3-4 所示,一天中仅有一次刷卡记录的出行无法确定下车站点,对有多次刷卡记录乘客,按时间顺序依次搜索下一次刷卡记录,将下一次刷卡的上车站点,作为推算上一次刷卡下车站点的依据,最后一次刷卡记录的下车站点则根据第一次刷卡记录的上车站点推算。

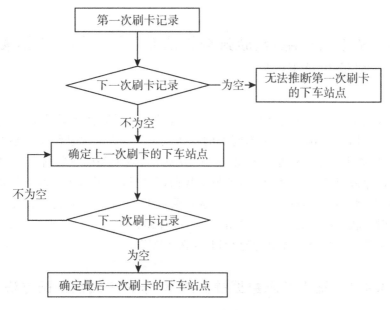

图 3-4 下车站点估算流程

3.3.3 基于 APC 和 IPF 的总体 OTD 估算

通过上述上车站点和下车站点的估算,可以得到每条公交线路的部分 OD 信息。再基于换乘行为的识别,进一步将每条公交线路的 OD 转换为公交乘客出行的 OD。判断换乘行为需满足以下三个条件。

(1) 下车站点和换乘上车站点的距离不超过 L_h。

(2) 下车的时间和换乘上车的时间差不超过 S_h。

(3) 前后乘坐的公交车不属于同一条线路的同一方向。

将上述得到的公交乘客出行的 OD 作为样本 OD 进行放样,以获取总体的 OD,一是根据 APC 系统获取的每个站点的上下车人数推算;二是简单地依据 IC 卡使用覆盖率进行估算。利用 APC 数据和样本 OD 估算总体 OD,常采用 IPF(Iterative Proportional Fitting)方法。

IPF 方法的换乘行为判断较为简单,由于换乘流量的估算对实际结果的影响较大,为了更为精确地得到换乘流量,即得到完整的城市公交网络换乘客流,特建立获取换乘流量的新方法,即基于数据融合、轨迹分析及系数划分的公交换乘客流生成模型,采用更多的数据样本来获取乘客完整的出行轨迹,从而得到更加准确的换乘流量数据,为以客流驱动的动态模型奠定较为准确的动态需求数据基础。

3.4 基于数据融合、轨迹分析及系数划分的公交换乘客流生成模型

公交 IC 卡系统的设计初衷是用于运营清分,不能直接记录刷卡站点,且大多采用上车刷卡、下车不刷卡的一票制模式,IC 卡记录仅包括乘客上车信息,无下车站点信息。本书基于一般城市能获取到的一票制 IC 卡刷卡数据以及公交 AVL 系统的 GPS 报站数据,首先提出了基于多源数据融合的 IC 卡刷卡站点匹配方法[100][101],推算乘客上车站点;接着提出公交乘客出行时空轨迹提取方法[102],估算下车站点;最后利用公交换乘识别方法,得到全部个体公交乘客出行的 OTD 矩阵[103][104]。

3.4.1 基于多源数据融合的 IC 卡刷卡站点匹配方法

在 OD 矩阵推算过程中,往往需要先将 IC 卡刷卡记录结合公交车辆自动定位系统的报站记录,根据刷卡时间和车辆到站时间[105][106],来推断刷卡上车的站点。然而,现阶段国内大部分城市公交运营公司的公交自动定位系统(AVL)与自动收费系统(AFC)相互独立,没有时间同步机制,不可避免地产生时间误差,严重者可能超过 30 min。时间误差给刷卡站点匹配及其他数据挖掘精度带来严重影响。此外,刷卡站点匹配还存在着另一个需要解决的问题,由于 AVL 系统中的 GPS(或北斗)接收机信号受到城市建筑物阴影或恶劣天气的影响,定位失败,造成站点信息缺失,直接导致刷卡记录无法与站点匹配[107]。

因此,本节提出了一种基于多源数据融合的 IC 卡刷卡站点匹配方法,利用公交 IC 卡刷卡数据和 AVL 系统[108]的报站记录,在数据存在时间误差与缺失的情况下,有效实现 IC 卡号与刷卡发生站点相互匹配,便于客流量统计和数据挖掘。在同一天同一线路同一公交车中,AVL 系统的报站记录与 IC 卡刷卡记录之间的时间差保持恒定,从而可通过寻找最优时间推移量来消除 AVL 系统的报站记录与 IC 卡刷卡记录之间的时间差;消除时间差后,可将刷卡校正时间戳对应的 IC 卡号与对应的站点相匹配,从而可得知该刷卡记录发生的站点。

基于多源数据融合的 IC 卡刷卡站点匹配步骤如下:

(1) 数据获取。获取刷卡系统中待匹配公交车的刷卡记录,刷卡记录包括 IC 卡号和刷卡时间,并对刷卡时间进行处理以获得刷卡时间样本集

合。具体做法是利用聚类算法对刷卡时间进行处理得到若干个时间簇，将每个时间簇中最早的刷卡时间作为刷卡时间样本集合。

获取 AVL 系统中待匹配的报站记录，包括站点标志码 A、进站时间戳 TJ_A、TC_A，并得到各个站点标志码 A 的停站时间区间 $[TJ_A - \Delta T, TC_A + \Delta T]$，其中 ΔT 为刷卡站点匹配算法允许的时间误差。

（2）生成时间推移量集合。设定时间推移量的解空间，生成第一批 k 个时间推移量 $\{t_1, t_2, \cdots, t_k\}$。

（3）初始最优时间推移量。分别按时间推移量 $t_1, t_2, \cdots, t_k$ 对刷卡时间样本集合进行时间推移，得到 k 个刷卡时间样本推移集合。再依次判断 k 个刷卡时间样本推移集合中的各元素是否属于任一个停站时间区间 $[TJ_A - \Delta T, TC_A + \Delta T]$，若属于，则判定该元素匹配成功；否则判定该元素匹配不成功。分别计算 k 个刷卡时间样本推移集合，匹配成功的元素数量占元素总数的比率，得到匹配成功率 $\{r_1, r_2, \cdots, r_k\}$，筛选最大值并记录为最大匹配成功率 r_m（其中 $m < k$），并记录 r_m 对应的时间推移量 t_m。

（4）偏移测试。计算 r_m 对应的时间推移测试量 t_t。$t_t = t_m \pm \delta (\delta < \Delta T)$，其中 δ 为偏移测试值。将刷卡时间样本集合按时间推移测试量 t_t 进行时间推移，得到刷卡时间样本测试集合，判断该刷卡时间样本测试集合中的各元素是否属于任一个停站时间区间 $[TJ_A - \Delta T, TC_A + \Delta T]$，若属于，则判定该元素匹配成功；否则判定该元素匹配不成功。计算该刷卡时间样本测试集合中，匹配成功的元素数量占元素总数的比率，获得偏移测试匹配成功率 r_t。

（5）得到最优时间推移量。比较偏移测试匹配成功率 r_t 与最大匹配成功率 r_m 的大小，若 $r_t = r_m$，则判定 t_m 为最优时间推移量；否则将 r_m 进行衰减，在时间推移量解空间中生成下一批 k 个时间推移量 $\{t_1, t_2, \cdots, t_k\}$，跳至第（3）步。这里采用遗传算法或差分进化算法或粒子群算法，在时间推移量解空间中生成下一批 k 个时间推移量 $\{t_1, t_2, \cdots, t_k\}$，能有效降低运算量，加快运算速度，有利于快速获取最优时间推移量。

确定最优时间偏移量的整体流程如图 3-5 所示。

（6）匹配 IC 卡刷卡记录与站点标志码。按最优时间推移量将所有刷卡时间进行时间推移，以消除 IC 卡刷卡时间与报站时间的系统时间误差，得到校正后的刷卡时间。将校正后的刷卡时间与停站时间进行匹配，即判断各个校正后的刷卡时间是否属于任一个停站时间区间 $[TJ_A - \Delta T, TC_A + \Delta T]$，若属于，则将该 IC 卡刷卡记录与停站时间区间对应的站点标志码 A 匹配；否则该 IC 卡刷卡记录被视为失效的刷卡记录。

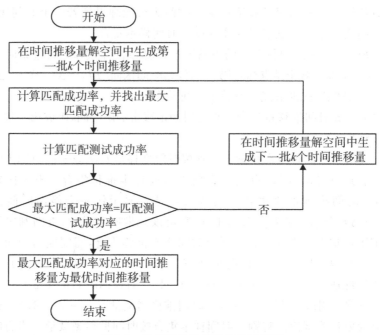

图 3-5　确定最优时间偏移量流程图

（7）获取缺失站点信息表。获取 AVL 系统的报站记录中待匹配的缺失公交站点信息表，包括缺失站点前一正常站点的出站时间、缺失站点后第一个正常站点的进站时间，以及缺失站点的站点标志码 A'。

（8）匹配 IC 卡刷卡记录与缺失站点标志码。将上述失效的 IC 卡刷卡记录与缺失站点的停站时间区间相匹配，得到失效的 IC 卡刷卡记录与之匹配的缺失站点的站点标志码 A'。

以匹配成功率和辅助条件为评价体系。通过搜索最大匹配成功率来获取最优时间推移量，可避免由于站点信息缺失带来的误差导致搜索过程进入死循环。辅助条件是指通过判断匹配测试成功率 r_t 与最大匹配成功率 r_m 的大小及稳定程度（表现为持续时间）来判别是否遇到噪声点，可避免获取错误的最优时间推移量，可提高算法的准确程度。

3.4.2　公交乘客出行时空轨迹提取方法

公交 IC 卡在各大城市都已经普及，但大多采用上车刷卡、下车不刷卡的一票制模式，IC 卡记录仅包括乘客上车时间、车牌号、线路号等信息，无下车站点信息，无法提取乘客出行轨迹[109]。因此，往往通过 IC 卡上车刷卡数据结合公交线网信息来估算乘客下车站点。

基于连续出行链[110-111]推算下车站点是最为常用的方法,居民的一日公交出行起讫点连接可形成一个闭合的环,常以居住地出发、到居住地结束。例如,通勤出行,出行者整个第一次出行过程是由居住地步行到附近公交站点,刷卡乘车到达工作地,完成第一次出行。此时只知道上车站点,而不知道下车站点。乘客下班开始第二次出行,由工作地附近公交站点刷卡上车,此次出行的起点站认为是第一次出行的终点。本研究在出行链方法的基础之上,从每一名乘客每天的公交站点轨迹相似[112]性分析入手,提取相似出行日,构建统计样本空间挖掘乘客活动规律,借助贝叶斯估计法[113],更为合理、准确地提取一票制公交乘客刷卡乘车记录的下车站点,从缺失的信息中还原乘客的出行轨迹。充分发掘全样本刷卡数据中隐含的乘客个体活动规律,合理推断出每一个乘客的刷卡下车站点。

公交乘客出行时空轨迹提取方法的流程如图 3-6 所示,具体步骤如下:

(1) 获取乘客乘车记录。对全样本的乘客乘车记录数据中每一个乘客提取其乘车记录,并按照时间先后排序。每一条乘客乘车记录数据包括 IC 卡卡号、上车刷卡时间,以及按照上述方法匹配的上车站点、车辆标识、线路等。

(2) 下车站点初步估计。遍历每个出行日,若该乘客的一个出行日有两次及以上的乘车记录,则记录这一出行日第 k 条乘车记录的上车站点为 B_k。在实际的数据中存在数据缺失的情况,即有出行记录但无法推算出上车站点,其原因大多是乘客所乘坐的车辆只有刷卡机而没有报站设备,或者车辆报站数据传输过程中丢失。

若前后两条记录的上车站点均完整,即 B_k 和 B_{k+1} 均存在,且 $B_k \neq B_{k+1}$,记对应的刷卡时间为 T_k 和 T_{k+1}。查询第 k 条乘车记录对应的车辆在 T_k 至 T_{k+1} 时段内的行车记录,检索站点 B_k 下游站点构成的集合,记为 S_k,若 $B_k \in S_k$,则认为第 k 条乘车记录对应的下车站点为 B_{k+1},即第 $k+1$ 次乘车的上车站点;若 $B_k \notin S_k$,则在 S_k 中寻找与 B_{k+1} 满足步行换乘条件且距离最短的站点作为第 k 次乘车的下车站点,记为 A_k。

若 B_k 存在,而 B_{k+1} 缺失,同样查询第 k 条乘车记录对应的车辆在 T_k 至 T_{k+1} 时段内的行车记录,检索站点 B_k 下游站点构成的集合,记为 S_k,形成待处理乘车记录数据集,留待第(5)、(6)步处理。

若 B_k 缺失,而 B_{k+1} 存在,则查询第 k 条乘车记录对应线路的所有站点,记为 R_k,在 R_k 中寻找与 B_{k+1} 满足步行换乘条件且距离最短的站点作为第 k 次乘车的下车站点,记为 A_k。

(3) 居住地估计。查询该乘客每天第一次刷卡的上车站点,统计每个站点的概率分布,将概率最高的两个站点定为该乘客的可能居住地。若两个站点空间距离小于 300 m,或存在一条公交线路使其相邻,则认为两站点等价。

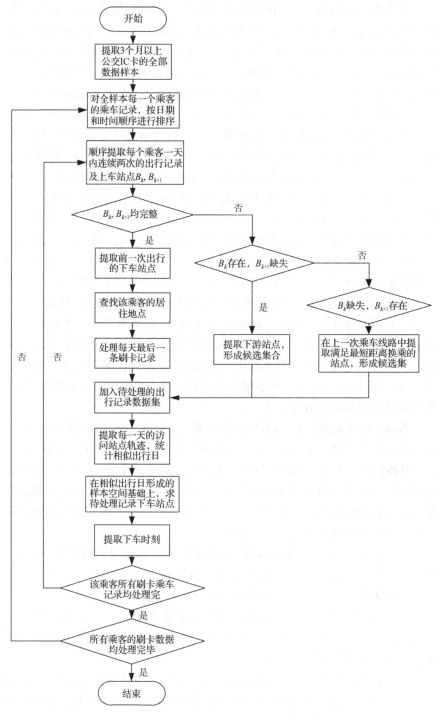

图 3-6　公交乘客出行时空轨迹提取方法流程

(4) 处理最后一条乘车记录。对每天的最后一条乘车记录,在该公交线路下游站点中查询满足以下条件之一的站点:步骤(3)中的乘客居住地;第二天第一次乘车记录的上车站点;当天第一次乘车记录的上车站点。将该站点作为最后一条乘车记录的候选下车站点,若候选下车站点不止一个,则将每个候选下车站点添加至候选下车站点列表,且将该乘车记录加入待处理记录数据集,留待第(5)、(6)步处理。

(5) 轨迹相似出行日。查询该乘客每个出行日 D_i 的访问站点序列,即出行日 D_i 的出行轨迹,利用 Jaccard 相似性指标计算 D_i 与其他各个出行日之间的轨迹相似度,将相似度高于 ε(ε 可取 0.7)的出行日定义为轨迹相似出行日。步行换乘条件是指两公交车站间距离不超过 500 m,步行时间不超过 15 min。

(6) 待处理记录的下车站点估计。根据待处理乘车记录集中每一条待处理的乘车记录及其候选下车站点列表,检索其相似出行日中访问的站点,并统计其访问概率,找出包含于候选下车站点集合且访问概率(或条件访问概率)最大的站点,作为待处理乘车记录的下车站点。

(7) 下车时间估计。对每一条成功匹配下车站点的乘车记录,通过车辆标识找到对应车辆的运行记录,根据该乘车记录上车站点名称与刷卡时刻,找到运行记录中该车辆进站时刻。通过车辆进站时刻与下车站点,在该车辆的运行记录中查询时间上最临近的下车站点的进站时刻,作为本次乘车记录的下车时间。

继续处理下一个乘客的乘车记录,直到处理完所有乘客的乘车记录。

3.4.3　基于换乘步行距离、迂回系数、直达系数的公交换乘识别阈值法

公交换乘行为的识别,最早是将刷卡时间间隔较短的两次公交乘坐记录视为换乘。这种方法简单易操作,但若第一次乘车时间过长或过短,则容易出现漏判或错判。一般常用的方法是先通过公交 AVL 系统推断出下车站点及下车时间,从而得到换乘时间,看是否小于给定的判断阈值,进而判断出乘客第二次乘车是换乘行为还是一次新的出行。判断阈值的确定大多是根据经验给出且为固定值,不能适应目前复杂多变的公交系统,且也可能错判一些短时间的活动行为。因此,后来有研究提出了可变参数换乘识别方法,即针对不同类型的换乘方式分别给出换乘时间参数的表达式,分别得到各线路公交车的时间约束阈值。当前关于换乘行为识别的研究基本都是从时间角度上进行判断,仅从时间角度容易将乘客在下车站点附近进行的

短时活动行为(如接送孩子上下学等)误判为换乘行为。有部分研究考虑了空间角度,但也仅仅考虑了换乘距离这一因素,没有分析乘客出行整个过程的空间特征[114],换乘识别准确性不够高。

　　基于上述方法推断得到公交乘客每一次刷卡记录的上下车站点之后,对于一天内有多次乘车记录的乘客,从时间和空间两个方面对公交乘客进行换乘识别[115-116],时间方面主要是从乘客的站台候车时间及最大候车时间阈值进行比较识别,空间方面将乘客的换乘步行距离、迂回系数、直达系数3个参数与其分别设定的阈值进行比较识别[117],只有在时间和空间两个方面都满足要求才识别为换乘,从而提高换乘识别的精度。

　　公交换乘识别方法的流程如图 3-7 所示,具体步骤说明如下:

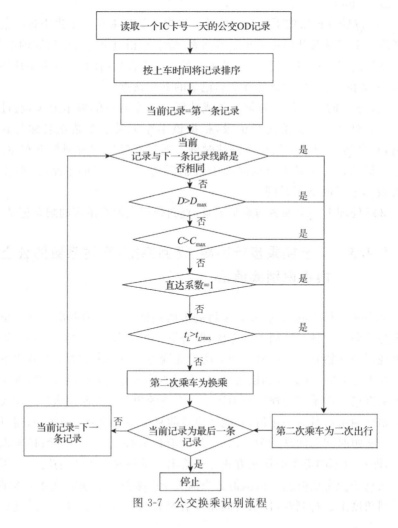

图 3-7　公交换乘识别流程

（1）获取单个乘客乘车记录。提取单个乘客一天的乘车记录，若该乘客当天仅有一次乘车记录，则将这一次乘车记录的上下车站点记为该乘客本次出行的 OD，没有换乘发生；若一天内有多条乘车记录，则按时间先后顺序排序，从第一条乘车记录开始依次按照下述步骤进行判断。每一条乘车记录包括公交 IC 卡号、车牌号、线路号、上车站点、上车时间、下车站点以及下车时间等[118-119]。

（2）换乘识别前提条件判断。按时间顺序，记第 i 次乘车记录的线路号为 L_i，依次判断相邻两次乘车记录的线路是否相同，若线路相同，即 $L_i = L_{i+1}$，则判定第 i 次乘车未发生换乘；若 $L_i \neq L_{i+1}$，则进入下一步。

（3）基于步行距离的换乘识别。计算当前第 i 条乘车记录的下车站点和下一条乘车记录的上车站点间的步行距离 D_i，并将其与给定的步行换乘距离阈值 D_{max} 进行比较，若步行距离大于给定阈值，即 $D_i > D_{max}$，则判定当前乘车记录未发生换乘，数据指针移向下一条乘车记录，回到步骤（2）；若步行距离小于等于给定阈值，即 $D_i \leqslant D_{max}$，则进入下一步。

（4）基于迂回系数的换乘识别。计算当前第 i 条乘车记录与下一条乘车记录的迂回系数 C_i[120]，并将其与给定的迂回系数阈值 C_{max} 进行比较，若迂回系数大于给定阈值，即 $C_i > C_{max}$，则判定当前乘车记录未发生换乘，数据指针移向下一条乘车记录，回到步骤（2）；若迂回系数小于等于给定阈值，即 $C_i \leqslant C_{max}$，则进入下一步。

迂回系数 C_i 的计算公式如下：

$$C_i = \frac{K_i + K_{i+1} + D_i}{K_{i,i+1}} \tag{3-3}$$

其中，K_i 为第 i 条乘车记录的乘车距离，车辆从乘客上车站点至下车站点间的行驶距离；$K_{i,i+1}$ 为第 i 条乘车记录的上车站点到第 $i+1$ 条乘车记录的下车站点间的直线距离。

（5）基于直达系数的换乘识别。每条公交线路的站点构成一个站点集合，记第 j 条公交线路的站点集合为 W_j，提取乘客相邻两条乘车记录中，前一条乘车记录的上车站点 B_i 和后一条乘车记录的下车站点 A_{i+1}，若这两个站点 B_i 和 A_{i+1} 同属于任何一个站点集合 W_j，则直达系数[121]等于 1，判定这两次乘车记录不属于同一次出行，数据指针移向下一条乘车记录，回到步骤（2）；否则进入下一步。

（6）基于站台候车时间的换乘识别。根据乘客当前乘车记录的下车站点和下车时间，以及下一条乘车记录的上车站点和上车时间，计算乘客在上车站点的候车时间，并将其与给定的候车时间阈值进行比较，若候车时间大于给定阈值，则当前乘车记录未发生换乘，数据指针移向下一条乘车记录，回到步骤(2);若候车时间小于等于给定阈值,则判定换乘发生,这两次乘车记录为同一次出行。

候车时间的计算方法如下:记乘客平均步行速度为 v,乘客从当前乘车记录的下车站点步行至下一次乘车记录的上车站点的步行时间 $T_w = D_i / v$,乘客到达上车站点的时间 $T_{arrival} = T_{Ai} + T_w$,候车时间即为 $T_L = T_{B(i+1)} - T_{arrival}$。

若当前乘车记录不是当天乘客出行的最后一条记录,则数据指针移向下一条乘车记录,回到步骤(2);否则,提取当天下一位乘客乘车记录,回到步骤(1)。

本研究根据乘客在公交出行时偏好选择不迂回、直达的路线,提出迂回系数和直达系数作为公交换乘识别的参数,可以有效地将进行短时活动的公交出行从换乘识别的结果中剔除出来,提高了公交换乘识别的准确率;用两辆车实时的到站间隔作为候车时间阈值进行公交换乘时间方面的识别,针对复杂动态的公交系统,具有较强的灵活性。

3.5 案例研究

以珠海市城市公交网络为例进行研究,其中基于个体乘客单次出行的OD 推算、OD 加载、OD 集计来获取 OD 矩阵,采用基于出行链的公交客流OD 矩阵生成模型,而换乘客流的获取采用基于数据融合、轨迹分析及系数划分的公交换乘客流生产模型。

珠海的公交客流数据自动采集系统包括自动收费系统 AFC(IC 卡数据)和公交车辆自动定位系统 AVL,采集的信息如图 3-8 所示。借助 SQL Server 数据库和 ArcGIS 地理信息系统的相关功能对数据进行处理分析,按照上述方法生成公交乘客 OD 矩阵,并进一步分析客流特征。本节以 2015 年 3 月 1 日至 5 月 31 日三个月采集的数据为例,对客流数据处理分析的方法进行验证,并依据 OD 结果进行客流特征的分析。

3.5.1 基于 GIS 的公交站点网络建模

基于公交站点的网络图用图论表达式 $G = \{V, E\}$ 表示,将公交站点和实际道路网络匹配,图的节点 V 是公交站点,每两个公交站点之间若存在直接连接关系,则形成一条边 E。直接连接关系是指两公交站点有实际道路路径连接但不经过其他公交站点,并利用 GIS 计算得到每条边的长度。

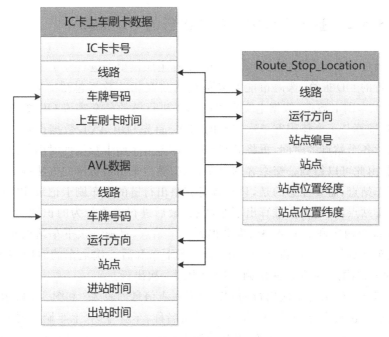

图 3-8 数据及其连接关系

这里假设现状的公交站点已经满足了覆盖率的要求,不再新增站点,公交网络的优化建立在现有的公交站点之上。由于缺乏道路网络的禁限信息,为简化问题,默认若两条道路在 GIS 图上存在相交关系,则认为各个转向均可连通。关于公交上下行的问题,这里把具有相同站点名称的上下行站点视为同一节点,并将其匹配到道路网络的同一位置,网络图的边均具有上行和下行两个方向,允许某一个方向或两个方向都没有公交线路经过。

珠海市能够采集到数据的站点共 1 304 个,共有 1 815 对具有直接连接关系的公交站点,并计算每对公交站点间的距离,将数据存储在数据库表中,表的相关信息见表 3-2。

表 3-2 存储公交网络图的数据库表信息

字　　段	说　　明	案　　例
Link_ID	公交网络的边编号	1
NODEi	和节点 j 具有直接连接关系的节点 i	安阜工业区
NODEj	和节点 i 具有直接连接关系的节点 j	中澳新城
Link_Length	边的长度,单位 m	591

3.5.2 基于个体乘客单次出行的 OD 推算

通过基于出行链的公交客流 OD 矩阵生成模型来进行基于个体乘客单次出行的 OD 推算,珠海市能够采集到的公交相关数据包括 AVL 数据和 IC 卡上车刷卡数据,依据上文提出的基于出行链的公交客流 OD 矩阵生成模型,推算基于个体乘客单次出行的 OD。首先利用 AVL 数据得到公交车辆到达各个站点的时间,再将其与公交 IC 卡上车刷卡数据的时间信息进行匹配,由此可以得到公交乘客的上车站点;然后采用出行链的方法推算乘客的下车站点,需要注意的是,只有具有完整出行链的上车刷卡记录才能匹配到下车站点,否则无法推算出下车站点;最后进行换乘行为的识别,若同一 IC 卡前后两次刷卡记录均已推算得到下车站点,且前一次下车站点和后一次上车站点的距离不超过 500 m、前一次下车和后一次上车的时间差不超过 20 min,则认为前后两次刷卡记录为同一次出行。

基于个体乘客单次出行的 OD 数据库表信息如表 3-3 和图 3-9 所示,存储的信息包括出行编号、IC 卡卡号、线路名称、车牌号码、上车刷卡时间、上车站点、车辆运行方向、上车站点进站时间、下车站点、下车站点进站时间等。若两次刷卡记录之间存在换乘行为,则认为这两次刷卡记录为同一次出行,具有相同的出行编号。

表 3-3　基于个体乘客单次出行的 OD 数据库表信息

字　段	说　　　明	案　　例
Trip_ID	出行编号	11
IC 卡卡号	12 位数字编码,每张 IC 卡具有唯一编码	000000050226
线路	公交线路名称	202 路
车牌号码	公交车辆的车牌号码	00020702
上车刷卡时间	IC 卡刷卡时间	2015-04-19 16:18:09
上车站点	上车站点的名称	北山
上车运行方向	乘客乘坐车辆的运行方向	上行
上车进站时间	上车站点车辆进站 GPS 报站时间	2015-04-19 16:17:19
下车站点	下车站点的名称	红旗中学
下车进站时间	下车站点车辆进站 GPS 报站时间	7:05:11

	Trip_ID	IC卡卡号	线路	车牌号码	上车刷卡时间	上车站点	上车运行方向	上车进站时间	下车站点	下车进站时间
1	11	000000050226	206路	00020532	2015-04-19 15:29:08	公积金中心	上行	2015-04-19 15:30:23.000	北山	2015-04-19 16:03:14.000
2	11	000000050226	202路	00020702	2015-04-19 16:18:09	北山	上行	2015-04-19 16:17:19.000	红旗中学	2015-04-19 17:05:11.000
3	984	000038107760	K6	00014864	2015-04-19 06:38:22	荔山	上行	2015-04-19 06:36:25.000	南屏街口	2015-04-19 07:29:06.000
4	984	000038107760	202路	00020725	2015-04-19 07:41:25	南屏街口	上行	2015-04-19 04:17:00	中电大厦	2015-04-19 07:57:26.000
5	2472	000000048995	99路	00021156	2015-04-19 13:37:00	拱北口岸总站	上行	2015-04-19 13:37:37.000	九洲港	2015-04-19 13:55:29.000
6	4453	000000143591	32路	00018146	2015-04-19 09:05:34	城轨珠海站	上行	2015-04-19 09:14:24.000	拱北	2015-04-19 09:24:17.000
7	10152	000000392127	11路	00026918	2015-04-19 12:36:22	香洲港	上行	2015-04-19 12:44:59.000	夏湾	2015-04-19 13:44:03.000
8	63598	000030008841	99路	00021040	2015-04-19 16:48:47	海榆半岛	下行	2015-04-19 16:48:04.000	拱北口岸总站	2015-04-19 16:59:54.000
9	77823	000038085072	8路	00018318	2015-04-19 21:32:12	香洲	上行	2015-04-19 21:42:46.000	明珠山庄	2015-04-19 22:19:35.000
10	101993	000888317673	204路	00021199	2015-04-19 07:27:47	公交信禾物流	下行	2015-04-19 07:26:57.000	南屏水库	2015-04-19 07:32:38.000

图 3-9　基于个体乘客单次出行的 OD 数据库表

3.5.3　城市公交网络 OD 需求加载

通过基于出行链的公交客流 OD 矩阵生成模型来加载公交网络 OD，将上述得到的基于个体乘客单次出行的 OD 分配到公交网络图中的每一条边上，通过放样，得到公交网络的总体流量，存储公交网络流量的数据库表信息如表 3-4 和图 3-10 所示，放样比例计算公式如下：

$$放样比例 = \frac{1}{IC\ 卡使用率} \times \frac{总的\ IC\ 卡刷卡记录}{成功估算上下车站点的\ IC\ 卡刷卡记录}$$

$$(3-4)$$

	Link_ID	NODEi	NODEj	Flow_ijSample	Flow_jiSample	Flow_ijPolulation	Flow_jiPolulation
1	1615	裕华公司	渔村	831	1185	5599	7984
2	402	黄杨大道东	西湾小学	343	NULL	2311	NULL
3	922	前山总站	白石、银石雅园	1056	709	7115	4777
4	739	南屏中学	屏东六路	26	NULL	175	NULL
5	1137	隧道南	摩尔广场	1341	2211	9035	14897
6	1305	西湾	斗门一中	333	451	2244	3039
7	668	梅华东	华子石东	276	162	1860	1092
8	410	惠威科技	红灯	834	635	5619	4279
9	1564	银潭	鹤咀	80	80	539	539
10	1349	香宁花园	警察学校	55	295	371	1988

图 3-10　公交网络流量数据库表

公交网络的流量数据包括公交网络图的边编号、每条边对应的两个节点（即公交站点）、每条边两个方向的样本客流量以及放样得到的总体客流量等，若两个节点之间没有公交线路经过，则客流量值为 NULL。

表 3-4　公交网络流量数据库表信息

字　段	说　　明	案　例
Link_ID	公交网络的边编号	1615
NODEi	和节点 j 具有直接连接关系的节点 i	裕华公司
NODEj	和节点 i 具有直接连接关系的节点 j	渔村
Flow_ijSample	直接获取的从节点 i 至节点 j 的客流	831
Flow_jiSample	放样后的从节点 i 至节点 j 的客流	1185
Flow_ijPolulation	直接获取的从节点 j 至节点 i 的客流	5599
Flow_jiPolulation	放样后的从节点 j 至节点 i 的客流	7984

3.5.4　基于 IC 卡数据的城市公交客流 OD 矩阵分析

通过基于出行链的公交客流 OD 矩阵生成模型来集计 OD 矩阵,由于部分数据缺失严重,仍有小部分 IC 卡刷卡记录未能成功估算出上下车站点,并且并非所有的公交出行乘客都使用 IC 卡刷卡支付。因此,需要对上述得到的基于个体乘客单次出行的 OD 集计的结果进行放样,以得到总体的集计 OD 矩阵。存储集计 OD 矩阵的数据库表信息如表 3-5 和图 3-11 所示,存储的信息包括起始公交站点名称、到达公交站点名称、根据个体乘客单次出行的 OD 直接集计得到的 OD、放样得到的总体 OD 等。

表 3-5　集计 OD 数据库表信息

字　段	说　　明	案　例
OriginStop	起始公交站点名称	白藤头
DestinationStop	到达公交站点名称	安居园
OD_countSample	直接获取的集计 OD 数	2
OD_countPopulation	放样后的集计 OD 数	13

查证相关资料,珠海市的 IC 卡使用率为 80%,根据直接获取的样本集计 OD,放样得到总体 OD,放样比例的计算公式如下:

$$放样比例 = \frac{1}{IC 卡使用率} \times \frac{总的 IC 卡刷卡记录}{成功估算上下车站点的 IC 卡刷卡记录} \tag{3-5}$$

	OriginStop	DestinationStop	OD_countSample	OD_countPopulation
1	安居园	安居园	2	13
2	白石、银石雅园	安居园	3	20
3	白藤二路口	安居园	4	27
4	白藤头	安居园	2	13
5	百货公司	安居园	3	20
6	滨海楼	安居园	13	88
7	长沙圩	安居园	6	40
8	城轨明珠站	安居园	5	34
9	城轨珠海站	安居园	12	81
10	城市广场	安居园	3	20

图 3-11　集计 OD 数据库表

3.5.5　基于个体乘客单次出行的 OD 估计结果

通过基于出行链的公交客流 OD 矩阵生成模型所得个体乘客单次出行 OD 结果,选取珠海市 2015-04-13 至 2015-04-19 一个星期采集的原始数据,数据清洗之后,估算基于个体乘客单次出行的 OD,OD 估算结果的总体情况如图 3-12 和表 3-6 所示。这一个星期内,每天共采集到 60 万条左右的 IC 卡刷卡记录,平均匹配度为 22.08％的 IC 卡刷卡记录能成功匹配到上下车站点及时间,其中 4 月 18 日的数据匹配情况最好,达到了 29.56％。

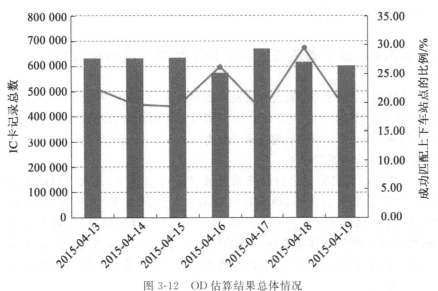

图 3-12　OD 估算结果总体情况

表 3-6　OD 估算结果总体情况表

日　期	IC 卡记录总数	成功匹配上下车站点的记录总数	成功匹配上下车站点的比例/%	总的出行人次
2015-04-13	633 071	143 541	22.67	140 968
2015-04-14	631 857	124 448	19.70	123 055
2015-04-15	635 295	122 622	19.30	121 267
2015-04-16	575 057	150 837	26.23	148 046
2015-04-17	670 396	124 343	18.55	122 978
2015-04-18	619 521	183 137	29.56	178 237
2015-04-19	603 286	111 921	18.55	110 477

结合珠海市的实际公交线网所得 OD 对客流量进行分析,珠海市东部的 OD 对间公交客流吸引更强,实际上珠海市东部的公交线路和公交站点较为密集,且外部与广州市、香港市、澳门市的联系更为紧密,经济更为发达,因而其居民出行的频率更高、人口密度也更大,前 10% 的 OD 对在珠海市东部更为集中。珠海市公交线路和公交站点的东西差异并非数据匹配不够造成,而是实际状况的反映。因此,说明基于出行链的 OD 推算方法及其放样所得居民 OD 出行数据较为可靠。

3.5.6　基于阈值法的城市公交换乘客流时空分布

通过基于数据融合、轨迹分析及系数划分的公交换乘客流生成模型,统计 2015 年 4 月 13 日周一至 4 月 19 日周日每天的客流量及其换乘客流量,计算换乘系数,这一周的平均换乘系数为 0.086 9,相当于平均每 12 次出行中,会有一次出行需要换乘。

从珠海市居民公交出行的换乘客流结果可以看出,换乘出行的比例较低,平均换乘系数较小,说明珠海市的公交线网密度、可达性较好;同时,平均换乘系数由 2015-04-13(周一)到 2015-04-19(周日)呈现上升趋势,周末出行的公交客流出行的目的地与工作日出行的路线存在较大差异,说明周末的休闲娱乐场所、消费场所、探亲访友等目的地与工作地相距较为分散。

3.6　本章小结

　　本章介绍了公交客流数据自动采集系统,重点论述了 OD 矩阵生成模型。针对公交自动定位系统与自动收费系统存在系统时间误差问题以及部分报站数据缺失问题,提出了基于多源数据融合的 IC 卡刷卡站点匹配方法;在出行链方法的基础之上,充分挖掘乘客活动规律,提出公交乘客出行时空轨迹提取方法,更为合理、准确地推算出下车站点,并从时间和空间两个方面对公交乘客进行换乘识别,提高了公交换乘识别的精度。同时,提出了基于数据融合、轨迹分析及系数划分的公交换乘客流生成模型,对 IC 卡刷卡站点数据进行匹配和轨迹数据的提取,得出准确的换乘客流结果。以珠海市的实际公交数据为例,对 OD 估算方法和换乘客流计算进行了验证和分析。

第4章 城市公交线网客流及拓扑结构分析

4.1 城市公交客流特征指标体系

公交客流特征分析是公交线网规划和运营决策的直接依据,前文已对基于公交客流数据自动采集系统的 OD 矩阵生成模型做了研究,在此基础上进一步对公交客流指标及其统计方法进行研究。本书主要研究了客流量、公交车辆运营、乘客出行特征等 3 个方面用于公交线网规划和运营决策的指标(见图 4-1)。

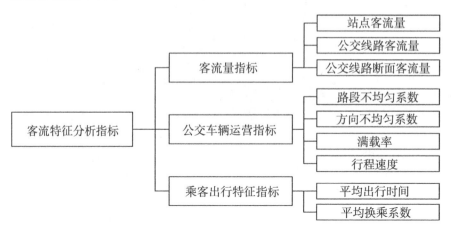

图 4-1 客流特征分析指标体系

4.1.1 客流量指标

客流量指标主要包括以下 3 个方面。

(1) 站点客流量。单位时间(如 1 小时或 1 天)公交站点上下车乘客数量,反映了公交站点及其周边的公交需求情况,可作为公交规划及公交站点改造的重要依据。常用统计指标包括全天站点客流、高峰小时站点客流等。

（2）公交线路客流量。单位时间（如 1 小时或 1 天）整条线路全部公交站点上下车乘客数量,反映了线路的经济效益情况。常用统计指标包括全天线路客流量、高峰小时线路客流量等。

（3）公交线路断面客流量。在单位时间内,任何一条道路断面通过的公交客流量,既包括一条公交线路的断面客流量,又包括该道路断面总客流量。道路断面总客流量是指经过该道路横断面的各条公交线路的断面客流量之和。

4.1.2　公交车辆运营指标

公交车辆运营指标主要包括以下 3 个方面。

（1）路段不均匀系数。路段不均匀系数是指某一路段客流量占线路总客流量的比例[122]。

$$路段客流不均匀系数 = \frac{第\ i\ 路段断面客流量}{全线单向平均客流量} \qquad (4\text{-}1)$$

（2）方向不均匀系数。方向不均匀系数反映公交线路上下行两个方向客流量差别[123]。

$$全天线路不均匀系数 = \frac{单向线路全天总客流量}{双向线路全天总客流量} \qquad (4\text{-}2)$$

$$高峰线路不均匀系数 = \frac{单向线路高峰小时总客流量}{双向线路高峰小时总客流量} \qquad (4\text{-}3)$$

（3）满载率。满载率反映车辆载运乘客的平均满载程度[124]。

$$高峰满载率 = \frac{主要线路单向高断面通过量}{车辆通过高断面的客位数总和} \times 100\% \qquad (4\text{-}4)$$

$$全天线路满载率 = \frac{全天乘客周转量（人·公里）}{全天客位周公里数（客位·公里）} \times 100\% \quad (4\text{-}5)$$

（4）行程速度。行程速度是指公交车全线总行驶里程除以总的行程时间,包括交叉口信号灯延误和公交站点上下客时间[125]。

4.1.3　公交乘客出行特征指标

公交乘客出行特征指标主要包括以下两个方面。

（1）平均出行时间。公交出行时间是乘车完成一次公交出行的总耗时,包括从出发点步行到公交站点的时间、等待公交车辆到达上车的时间、车内时间、换乘时间以及从下车站点步行到目的地的时间。由于公交 IC 卡信息无法反映起讫点到公交站点的步行时间和等候公交车辆到达的时间,因此本书计算公交乘客出行时间仅包括车内时间和换乘时间[126]。

（2）平均换乘系数。乘客平均换乘系数是衡量公交乘客直达程度的指标，反映乘车方便程度[127]。

$$乘客平均换乘系数 = \frac{换乘人次}{乘车总人次} \tag{4-6}$$

4.2 珠海市公交线网客流分析

客流特征分析包括客流量分析、公交运营情况分析，以及公交乘客出行特征分析等 3 个方面的内容。

4.2.1 客流量时空分布特性分析

4.2.1.1 公交客流的时间分布

以 10 分钟为时间间隔，统计从 2015 年 4 月 13 日周一至 4 月 19 日周日每天的全部站点客流量时变情况发现，工作日的公交客流时变特征非常近似，有明显的早晚高峰，从早上 6 点以后，客流量突增，早高峰从 07:00 持续到 09:00；晚高峰的客流增加没有早高峰明显，从 17:00 持续到 19:00，之后客流量持续下降，到 00:00 以后客流量基本降为 0。周末的公交客流时变特征则和工作日有较大的差异，没有明显的早晚高峰，早高峰开始时间滞后，峰值远低于工作日，午间的客流量则大于工作日，晚高峰也有所削弱，但相比早高峰削弱并不明显。由此可见，周末的公交运营排班计划应当与工作日不同。

从小时客流量变化图来分析客流量时间分布，周一至周五工作日的早、晚高峰与平峰的客流量相差非常大，说明早、晚高峰客流集中出行（尤其是上、下班）的现象非常明显，而周六、周日的早、晚高峰客流量相差很小，客流量全天较为均衡，说明周末出行的时间随机性较强，集中出行的现象没有。

由图 4-2 至图 4-8 所示，周一至周日 7 天的小时客流量分布及其多项式趋势拟合线可以看出，周一至周五的早、晚高峰峰值较为明显，高峰与平峰的相差较大；而周六、周日，尤其是周日，早、晚高峰相差不大，峰值不明显。

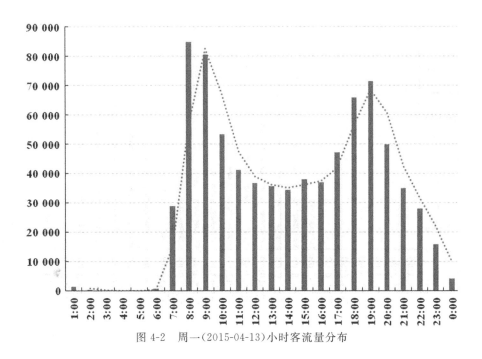

图 4-2 周一(2015-04-13)小时客流量分布

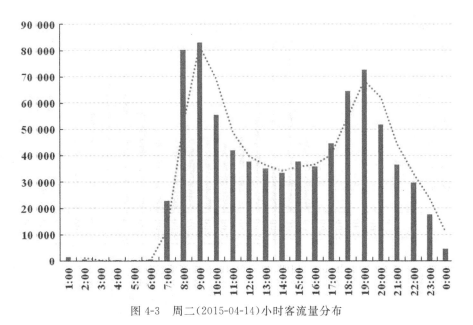

图 4-3 周二(2015-04-14)小时客流量分布

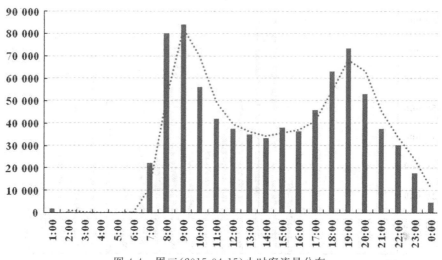

图 4-4　周三(2015-04-15)小时客流量分布

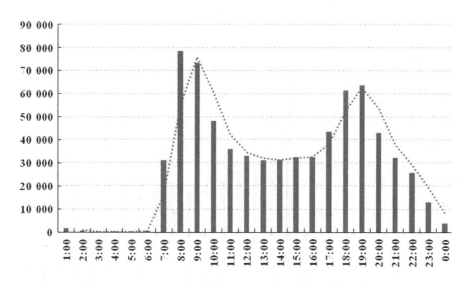

图 4-5　周四(2015-04-16)小时客流量分布

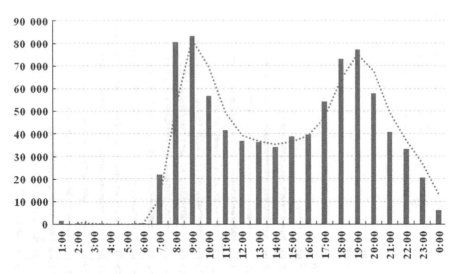

图 4-6　周五(2015-04-17)小时客流量分布

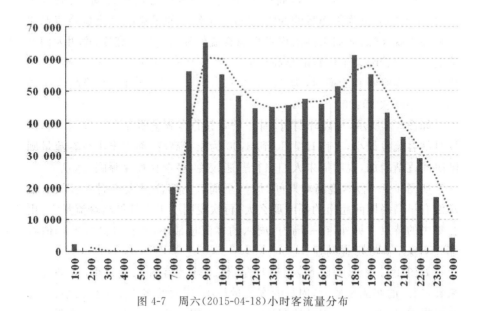

图 4-7　周六(2015-04-18)小时客流量分布

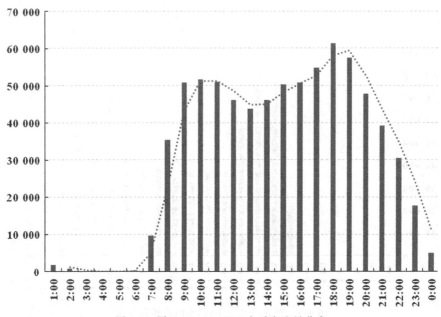

图 4-8　周日(2015-04-19)小时客流量分布

　　由图 4-2 至图 4-8 所示,周一至周五工作日的客流量比周六、周日更大,周末的客流量为工作日的 80% 左右。工作日的早高峰客流量峰值普遍明显高于晚高峰,而周末则出现晚高峰客流量峰值超过早高峰,说明人们普遍起床出门较晚。工作日的早高峰时间主要为 8:00 和 9:00 两个小时,而周末的早高峰则有所推迟,为 9:00 和 10:00;工作日和周末的晚高峰时段都为 18:00 和 19:00。

　　如图 4-9 所示,早高峰期间,周一至周五的客流量明显大于周六、周日,周日的客流量最小,工作日 7:30 到 8:30 为出行高峰,而周末出行客流量则随时间逐渐增加,说明周末人们出行普遍较晚,多选择在家睡眠、休息。

　　如图 4-10 所示,晚高峰期间,周一至周五的客流量大于周六、周日,但却没有早高峰期间超出的幅度那么大,再次说明了工作日早高峰流量大,出行集中的特点。另外,在一周内,周六的客流量最小,并且晚高峰的峰值特征并不像早高峰那样明显。

　　如图 4-11 和图 4-12 所示,对比早、晚高峰的客流总量大小,从早高峰来看,周一的客流量最大,周日的客流量最小,周六的客流量也比较小;从晚高峰来看,周四、周六、周日的客流量较小,而周五的客流量最大。说明经过周末后,周一早高峰上班集中出行比较明显,而临近周末,周五集中下班回家的客流量也较为集中。

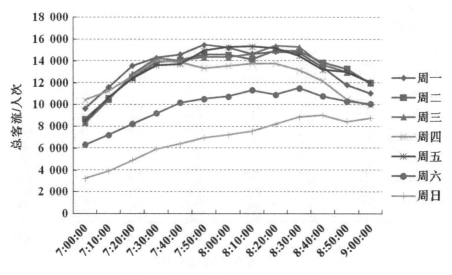

图 4-9　早高峰 10 分钟间隔客流量分布

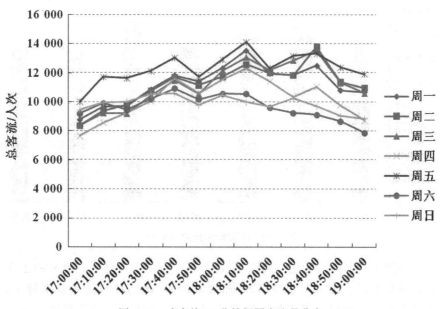

图 4-10　晚高峰 10 分钟间隔客流量分布

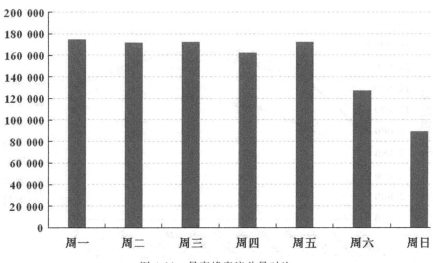

图 4-11　早高峰客流总量对比

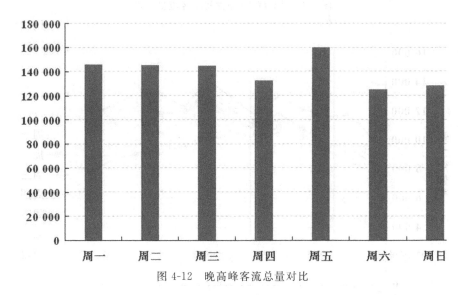

图 4-12　晚高峰客流总量对比

　　如图 4-13 所示,对比一周内早、晚高峰的客流量,周一至周五的工作日普遍早高峰客流量多于晚高峰,而周六的早、晚高峰客流量基本持平,周日存在晚高峰明显多于早高峰客流量的现象,且周六的早高峰出行量很少。

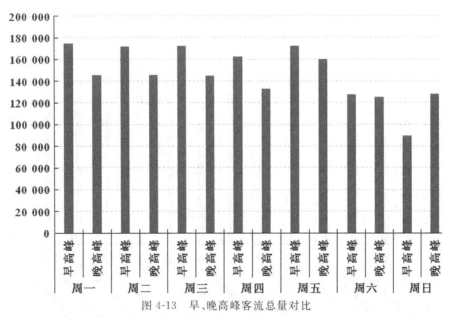

图 4-13　早、晚高峰客流总量对比

如图 4-14 至图 4-20 所示，周一至周日的早、晚高峰 10 分钟间隔客流量多比图，可以看出，在早、晚高峰内，每 10 分钟时间间隔内，工作日的早高峰客流量多于晚高峰客流量，周六基本持平，而周日之所以出现晚高峰客流量多于早高峰，是因为周日当天，晚高峰到来时间较早，而早高峰到来时间较晚，因此造成了早、晚高峰客流量的差异。

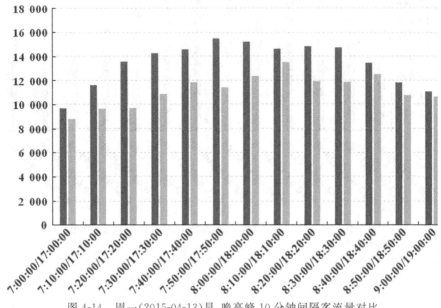

图 4-14　周一(2015-04-13)早、晚高峰 10 分钟间隔客流量对比

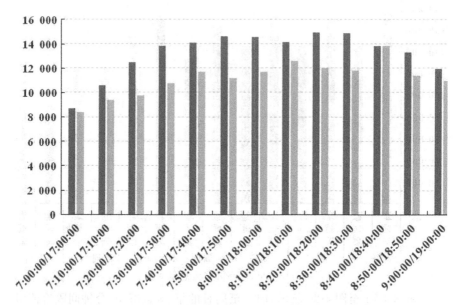

图 4-15　周二(2015-04-14)早、晚高峰 10 分钟间隔客流量对比

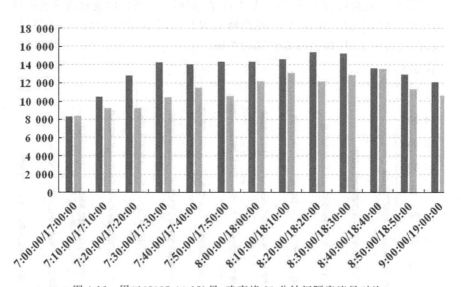

图 4-16　周三(2015-04-15)早、晚高峰 10 分钟间隔客流量对比

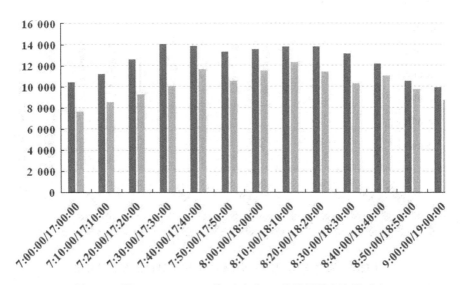

图 4-17　周四(2015-04-16)早、晚高峰 10 分钟间隔客流量对比

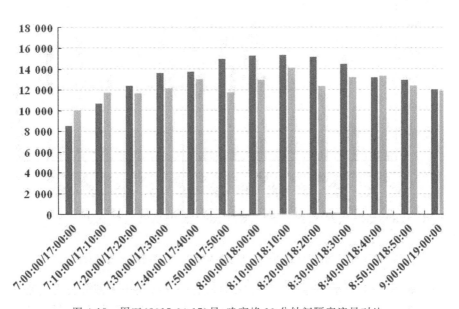

图 4-18　周五(2015-04-17)早、晚高峰 10 分钟间隔客流量对比

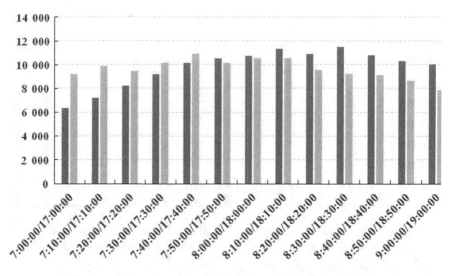

图 4-19　周六(2015-04-18)早、晚高峰 10 分钟间隔客流量对比

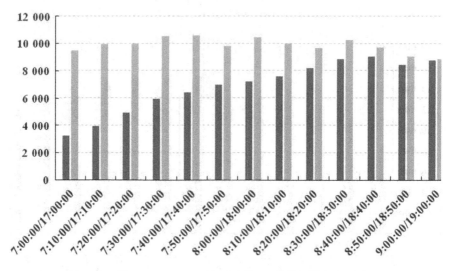

图 4-20　周日(2015-04-19)早、晚高峰 10 分钟间隔客流量对比

如图 4-21 所示,周一(2015-04-13)所有公交线路中大部分公交线路的上行客流量多于下行客流量,同时不同线路的客流量差距非常大,最大的线路,其客流量一天将近 3 万人·次。

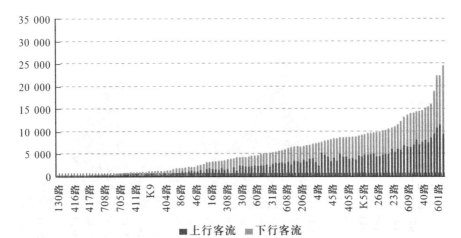

图 4-21　周一(2015-04-13)各公交线路上下行客流

结合图 4-22 来进一步看图 4-21,由各条公交线路的客流量百分比构成分析可以看出,周一(2015-04-13)下行方向占比稍微占优。这说明周一(2015-04-13)客流量较大的线路其上行客流量占优,而客流量不突出的线路其下行客流量占优。

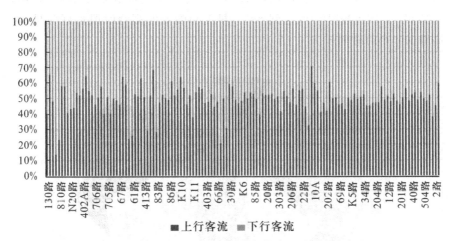

图 4-22　周一(2015-04-13)各公交线路上下行客流占比

如图 4-23 所示,周一(2015-04-13)各公交线路小时客流量同样呈现出很明显的早、晚高峰特征,并且早高峰客流量明显高于晚高峰客流量,早高峰所有线路客流量同时出行的时间段为 7:00—9:00,而晚高峰所有线路客流量同时出行的时间段为 17:00—19:00,恰好为早、晚高峰的 2 小时时间段,早高峰 7:00—8:00 的客流量最多,达到 16 000 人·次。

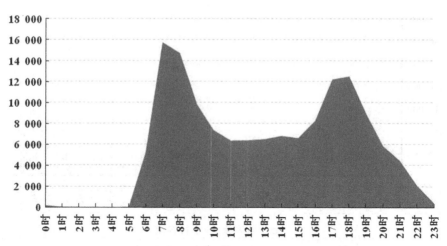

图 4-23　周一(2015-04-13)不同公交线路小时客流量变化

如图 4-24 所示,周一(2015-04-13)各公交线路小时客流量在一天 24 小时中占比,5:00—24:00 才有客流量,这与公交线路的运营时间有关。其中,7:00—9:00 占比在早高峰时间段最多,7:00—8:00 最多,达到了 11%,8:00—9:00 达到 10%,而晚高峰 17:00—19:00 客流量最多,17:00—18:00 达到 87%,18:00—19:00 达到 89%,早上和晚上的高峰时段恰好为早、晚高峰的 2 小时时间段。

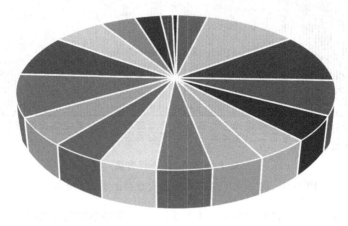

■ 0时　■ 1时　■ 2时　■ 3时　■ 4时　■ 5时　■ 6时　■ 7时
■ 8时　■ 9时　■ 10时　■ 11时　■ 12时　■ 13时　■ 14时　■ 15时
■ 16时　■ 17时　■ 18时　■ 19时　■ 20时　■ 21时　■ 22时　■ 23时

图 4-24　周一(2015-04-13)各公交线路小时客流量占比

4.2.1.2 公交客流的空间分布

选取 2015-04-13 的数据,统计每一个公交站点客流量的总和,包括出行起点客流、出行换乘客流和出行到达客流,绘制站点客流量图如图 4-25 所示,圆形站点的面积越大,代表该公交站点的客流量越大;再根据站点客流和站点在道路网络中的位置,绘制站点产生客流等值线图如图 4-26,颜色越深代表该区域的客流量越大。由此可见,珠海市的公交客流在空间上的分布非常不均匀,大客流区域集中在东部、中部以及连接东西的走廊,其他区域的公交客流则相对较小。

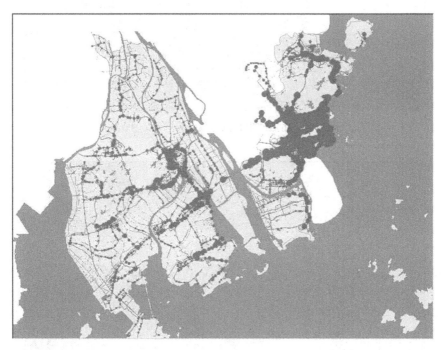

图 4-25   站点客流量(2015-04-13)

筛选其中客流量最大的 10 个站点,绘制空间分布图如图 4-27 所示,并按照出行起点客流(Volume_O)、出行换乘客流(Volume_T)和出行到达客流(Volume_D)所占比例绘制饼状图,10 个站点都集中分布在珠海市东部地区,且大站点的客流量一般以到达客流量居多。

筛选客流量前 10% 的 OD 对,绘制客流分布如图 4-28 所示,大客流 OD 对以短距离出行为主,集中在东部地区,其他区域的大客流 OD 以主要的枢纽站点为中心,呈放射状分布。

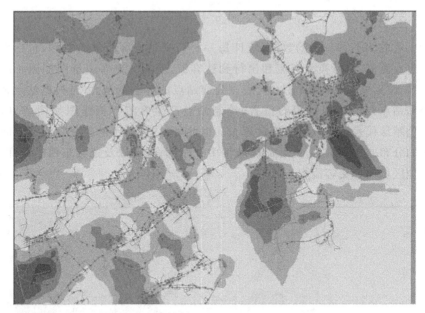

图 4-26 站点产生客流等值线图(2015-04-13)

图 4-27 客流最大的十个站点(2015-04-13)

图 4-28　前 10％的 OD 对空间分布(2015-04-13)

4.2.2　基于客流量和行程时间的公交车辆运营分析

4.2.2.1　全部公交线路的方向不均匀系数

4 月 13 日采集到有上下行两个方向数据的公交线路共 130 条,统计这一天全部公交线路的全天客流方向不均匀系数,绘制频数分布和累计频率分布图如图 4-29 所示。90.77％的线路方向分布较均匀,不均匀系数在 0.35～0.65 之间;而个别线路的客流方向分布极不均匀,例如,709 路全天客流方向不均匀系数为 0.133 3,是所有线路中分布最不均匀的一条,说明两个方向客流量相差了 5.5 倍。

4.2.2.2　单条公交线路断面客流分析

挑选客流量最大的 32 路公交线路作为单条线路的分析案例。32 路公交线路位于珠海市东部地区,上行方向从南端的城轨珠海站至北端的神前总站,共 20 个站点,全长 13.5 km,如图 4-30 所示;下行方向从北端的神前总站至南端的城轨珠海站,也是 20 个站点,全长 12.7 km,如图 4-31 所示。

统计该线路两个方向的全天断面客流和早晚高峰客流,分布如图 4-32 和图 4-33 所示,该线路断面客流总体分布较为均匀,上行方向断面客流大小从中部的隧道南站分别朝两头递减,下行方向从香宁花园站分别朝两头

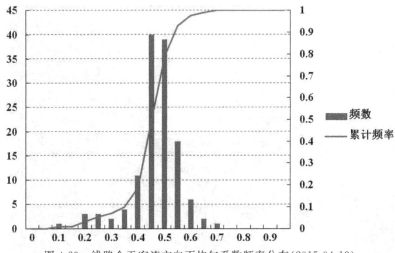

图 4-29　线路全天客流方向不均匀系数频率分布(2015-04-13)

递减,南部的客流总体上大于北部,上行方向的总体客流大于下行方向。两个方向的早晚高峰断面客流均在线路南部有较大的差异,该段上行方向早高峰断面客流小于晚高峰,下行方向早高峰断面客流大于晚高峰。由此可见,该段公交线路早晚高峰存在较为明显的潮汐交通现象。同时,该线路上行方向早高峰的最大断面客流量位于柠溪站,而晚高峰的最大断面客流量则更加靠近上游,位于拱北站和摩尔广场站;该线路下行方向早高峰的最大断面客流量位于柠溪站,而晚高峰的最大断面客流量则位于南香里站。

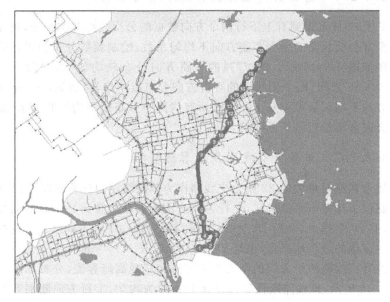

图 4-30　32 路公交上行线路

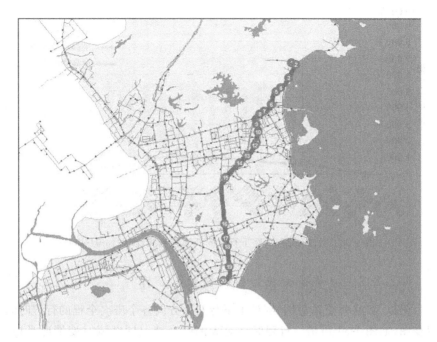

图 4-31　32 路公交下行线路

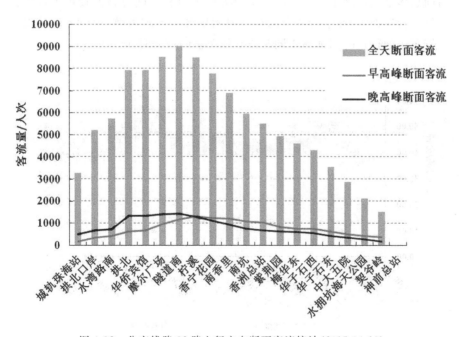

图 4-32　公交线路 32 路上行方向断面客流统计（2015-04-13）

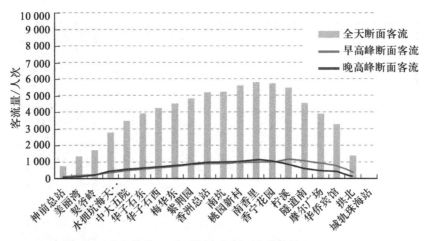

图 4-33　公交线路 32 路下行方向断面客流统计(2015-04-13)

4.2.2.3　单条公交线路的行程时间分析

仍以 32 路公交车为例,统计上下行两个方向各个班次全程的行程时间时变图,如图 4-34 所示。行程时间全天的时变情况同客流时变情况类似,也呈现出明显的早晚高峰。上行方向的行驶距离略大于下行方向,其行程时间总体上也略高于下行方向。下行方向的行程时间分布比较集中,说明车辆运行较稳定,而上行方向的行程时间则分布比较离散,运行波动较大,个别车辆的行程时间远高于同时段其他车辆的行程时间。

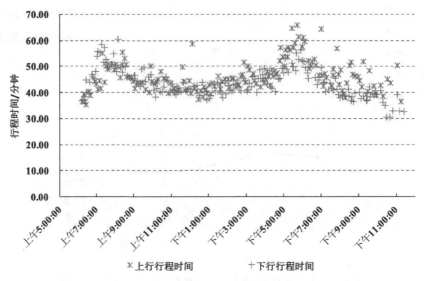

图 4-34　32 路公交上下行线路行程时间统计(2015-04-13)

4.2.3　基于换乘和车内时间的公交乘客出行特征分析

公交乘客的出行特征分析主要包括出行时间和换乘两个方面。公交乘客的出行时间包括从出发点步行到公交站点的时间、等待公交车辆到达上车的时间、车内时间、换乘时间以及从下车站点步行到目的地的时间。由于公交 IC 卡信息无法反映起讫点到公交站点的步行时间和等候公交车辆到达的时间,因此对公交乘客出行时间仅包括车内时间和换乘时间。

统计 2015 年 4 月 13 日周一至 4 月 19 日周日每天的客流量及其换乘客流量,计算换乘系数,结果如图 4-35 所示,这一周的平均换乘系数为 0.086 9,相当于平均每 12 次出行中,会有一次出行需要换乘。

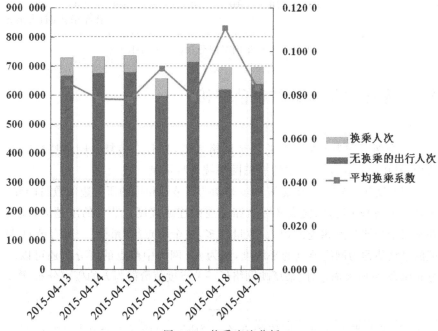

图 4-35　换乘客流分析

2015-04-13(周一)总的出行人次为 728 798 人次,换乘人次占总出行人次的比例为 0.085 8,平均出行车内时间为 24.06 min,出行车内时间的分布如图 4-36 所示,绝大多数的出行时间在 30 min 以内,说明珠海的公交车以服务短距离出行为主。

如图 4-36 所示,2015-04-13(周一)的珠海市城市公共交通出行车内时间呈现随出行车内时间增加而单调递减的走势,20 min 内的出行较多,且最大出行车内时间为 80 min,说明 80 min 为珠海市城市公交线网的最远可达范围。

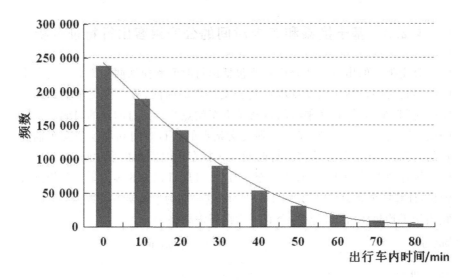

图 4-36　出行车内时间分布(2015-04-13)

4.3　复杂网络统计特征值分析

公交网络作为一个典型的复杂网络系统,具有许多复杂网络特性需要认识,其中有以下 7 个基本的静态网络统计特征量。

(1) 度和度分布。节点 M 的度是指与该节点相连的所有边的数目的和,用来评价路网通达性,代表实际道路交通的连通程度。节点的度越大,说明在网络中与该节点相连的边 l_M 数量越多,这个节点越"重要"。所有节点 M 度的平均值称为网络节点的平均度,记为 k。网络中节点的度分布还可以用分布函数 $p(k)$ 来描述,用来反映网络任一节点度值恰好为 k 的概率分布[128]。

$$k = \sum_M l_M \tag{4-7}$$

(2) 平均路径长度。网络的直径 D 为网络中任意两个节点之间的距离的最大值,则有:

$$D = \max d_{ij} \tag{4-8}$$

网络中所有节点之间距离的平均值是网络平均路径长度[128],即:

$$L = \frac{1}{\frac{1}{2}N(N+1)} \sum_{i>j} d_{ij} \tag{4-9}$$

其中,N 为网络节点的总数目。

网络的平均路径长度可以反映网络的传输性能和运输效率的高低。研究表明,实际的复杂网络的节点数多,但是平均路径长度 L 却可能很小。

(3) 聚类系数。多数的社会网络都具有群落结构的特点,假设网络中的节点有 $k(i)$ 条边和其他节点相连,则有 $k(i)$ 个节点是该节点的相邻点,这 $k(i)$ 个节点之间最多只可能连接的边的数量为 $k(i)[k(i)-1]/2$ 聚类系数[128] 就是通过所有节点之间实际存在的边数与可能的总边数 $k(i)[k(i)-1]/2$ 的比值,即

$$C(i) = \frac{E_i}{k(i)[k(i)-1]/2} \tag{4-10}$$

(4) 边权值。边权值[129] 为该边所表示道路上运行的公交线路的数目,数值越大说明该线路同行的车次越多,载客客流量也越大。

(5) 介数。介数为整个复杂网络中经过该点或者边的最短路径的数量比例,包括节点介数和边介数 2 种。介数[130] 是节点和边在整个网络中的作用和影响力的体现,对于保护城市网络关键路段具有较强的现实意义。

节点 n 的介数

$$B_n = \sum_{i \geqslant j} \frac{d_{inj}}{d_{ij}} \tag{4-11}$$

式中,d_{inj} 为经过节点 n 的节点 i 与节点 j 之间的最短路径数目;d_{ij} 为节点 i 与节点 j 之间的最短路径数目。

边 l_{mn} 的介数:

$$B_{mn} = \sum_{i \geqslant j} \frac{d_{imnj}}{d_{ij}} \tag{4-12}$$

式中,d_{imnj} 为经过边 l_{mn} 的节点 i 与节点 j 之间的最短路径数目。

(6) 节点强度和强度分布。对于无权复杂网络,节点度表示一个节点与其他节点的连接边数。邻接站点式网络构成的是加权复杂网络,将权重参与到计算中,对应得到的是节点强度,节点强度[130](也称为点权值)为连接该节点的边权值的总和,停靠站点的权值越高,则经过该停靠站点的车次越多。节点强度在公交复杂网络中更多地描述了节点之间的关联程度,既考虑了节点间的连接(直接相连站点数量),又考虑了边的权重(相邻站点间线路通行密度),相比节点度,节点强度在公交复杂网络中更关注于客流量,即运输负荷,客流量越大、运输负荷大的站点,其节点强度越高。节点强度越大则表示实际公交线路的通行密度越高,承载和运输能力越强,如公交网络中的人员流动和换乘集中的场所。

节点强度

$$s_i = \sum_{j \in N_i} \omega_{ij} \tag{4-13}$$

节点强度分布 $p(s)$ 定义为

$$p(s) = \frac{s_i}{N} \qquad (4\text{-}14)$$

其中，ω_{ij} 为边权值；N 表示所有节点强度的总和。

（7）承载压力。城市公交复杂网络需要依托于城市路网，因此，其空间是有限的，路网不可能随意连接，某些节点代表的站点表现出高运力需求，但由于地理条件（城市路网）等原因，站点通达性可能并不太好，太密集的线路压力容易产生拥堵；或者是路网呈直线，不易分散压力，给路网本身造成较大压力。通过节点强度与节点度的比值可以表现公交复杂网络中路网对线路的承载压力。

承载压力[130] Pa_i

$$Pa_i = \frac{k_i}{s_i} \qquad (4\text{-}15)$$

4.4　珠海市公交线网拓扑结构的复杂网络统计　　　特征值分析

根据珠海市公交网络的实际采集数据，对以上复杂网络统计特征值进行分析，为后续的鲁棒性分析、公交线网优化、节点和边攻击提供数据支撑。

4.4.1　度和度的分布

统计珠海市公交网络的每个公交站点相连的边，得到每个公交站点的度，如图 4-37 所示；并进一步分析公交站点度的分布，如图 4-38 所示。通过 KS 检验度的分布规律，如表 4-1 所示，得知珠海市公交网络的站点度的分布服从负指数分布。

表 4-1　度分布的 KS 检验

维度		VAR00001	VAR00002
		11	11
指数参数（a、b）	平均数	6.000 0	118.545 5
	绝对	0.214	0.343
最极端差异	正	0.160	0.343
	负	−0.214	−0.089
Z 检验		0.709	1.138
渐进显著性（双尾）		0.696	0.150

注：a. 检验分布是指数分布

　　b. 从资料计算

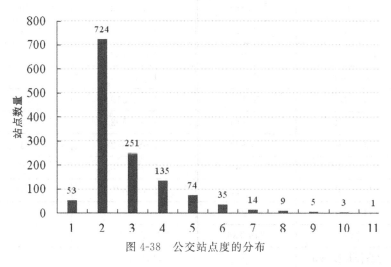

	A	B	C
1	站点	度	
2	BP化工	2	
3	艾牧电子	2	
4	安阜工业区	3	
5	安骅汽车	2	
6	安基路东	2	
7	安基路口	2	
8	安居园	4	
9	奥特美会所	4	
10	澳大横琴校区	3	
11	八八八街	3	
12	八甲	2	
13	八闽商会	1	
14	八顷	2	
15	八十亩	2	
16	八一社区	1	
17	巴士公司	4	
18	白蕉工业园	2	
19	白蕉街	3	
20	白蕉旧镇府	2	
21	白蕉开发区	2	
22	白蕉科技园	2	
23	白蕉科技园南	2	
24	白蕉科技园中	2	

图 4-37　公交站点度的计算

图 4-38　公交站点度的分布

经 KS 检验,珠海市公交网络的公交站点度分布服从负指数分布。其中,以公交线路为边,其度为 1 的站点,是始发站点。度为 2 的站点数量非常多,达到了 724 个,中电大厦站的度达到了 11,南屏街口、拱北、白石南、银石雅园南站的度为 10,第二人民医院、凤凰北、华发新城、人力资源中心、上冲站的度为 9,这些站点连接的道路较多,通达性较强,对于珠海的整个公交网络来说更为重要。从以上数据可以看出,珠海市公交网络还处于高速建设期,各个站点间的度还有很大的空间进一步打通和连通,公交网络需要进一步加密,从而使度为 2 的站点逐步发展为更大的度的站点;同时,度较大的站点有进一步优化的空间,一方面通过提高其他站点的度,提高公交网络的连通性,来缓解个别度较大的站点的交通压力,另一方面,对于度较大的站点,其本身也需要进一步地进行线路优化和整合,提高站点通行效率。

4.4.2 平均路径长度

珠海市共有 1 304 个公交站点,平均路径长度需要计算任意两个站点之间的最短路径,将所有公交站点分成若干组,采用标号法计算得到所有公交站点之间的最短路径(表 4-2)。

表 4-2 平均路径长度

标号	路径数量	路径长度/km	直径/km
0~58	75 166	1 440 450	67
58~131	87 012	1 871 076	70
131~198	76 313	1 521 435	71
198~269	75 970	1 547 189	72
269~345	75 734	1 475 209	63
345~428	76 111	1 552 319	71
428~520	76 314	1 545 502	72
520~640	86 820	1 988 872	74
640~766	75 663	1 669 736	72
766~933	75 818	1 652 825	71
933~1303	68 265	1 535 137	73
总计	849 186	17 799 750	
平均路径长度/km	20.960 955 55		
最大直径/km	74		

1 304 个节点构成的公交网络中,平均最短路径长度约为 21 km,最大

直径为 74 km,说明珠海市公交网络的站点大部分较为集中,网络的传输性能较好,效率较高。

4.4.3　聚类系数和边权值

针对珠海市 1 304 个公交站点和 3 208 条边做聚类系数和边权值分析(图 4-39、表 4-3 和表 4-4)。

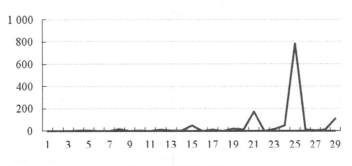

图 4-39　聚类系数

表 4-3　聚类系数

聚类系数	站点个数	聚类系数	站点个数
0.257 575 758	1	0.416 666 667	1
0.285 714 286	1	0.428 571 429	10
0.288 888 889	1	0.464 285 714	1
0.305 555 556	3	0.466 666 667	22
0.309 090 909	2	0.476 190 476	11
0.311 111 111	1	0.5	172
0.321 428 571	1	0.523 809 524	1
0.333 333 333	16	0.533 333 333	16
0.355 555 556	1	0.6	47
0.357 142 857	5	0.666 666 667	784
0.361 111 111	1	0.7	13
0.380 952 381	12	0.8	2
0.388 888 889	3	0.833 333 333	13
0.392 857 143	3	1	111
0.4	49		
总计		1 304	

表 4-4　边权值

边权值	边的数量	边权值	边的数量
1	1 713	12	20
2	557	13	8
3	257	14	9
4	224	15	4
5	112	16	8
6	77	17	2
7	87	18	1
8	33	20	7
9	19	21	6
10	38	22	4
11	20	23	2
总计		3 208	

聚类系数大于 0.5 的站点数较多,主要位于[0.25,1]区间变化,在 0.5、0.667、1 这 3 个聚类系数的站点数较多。

在珠海市公交网络中,共有 3 208 条道路为边,其中边权值为 1 的边最多,达到了 1 713 条,随着边权值的增加,边的数量逐步递减,而最大边权值为 23,说明最多有 23 条公交线路通过,交通压力较大(图 4-40)。

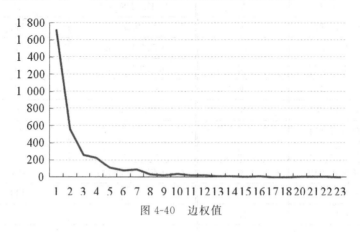

图 4-40　边权值

4.4.4　介数

本网络节点介数与分布如表 4-5、图 4-41 所示。

表 4-5　节点介数示意

站点编号	节点介数（单位：0.001）	站点编号	节点介数（单位：0.001）
0	2.014 915 476	11	0.852 971 836
1	0.063 407 089	12	0.464 707 571
2	0.298 193 406	13	0.18 971 057
3	0.191 645 843	14	0.220 809 341
4	1.548 138 237	15	0.220 513 674
5	0.297 602 072	16	1.002 041 66
6	3.239 916 781	17	1.492 875 425
7	0.062 412 573	18	1.553 191 452
8	0.312 627 322	19	1.360 900 517
9	0.062 358 816	20	1.394 149 593
10	0.162 294 194		

单位：0.001

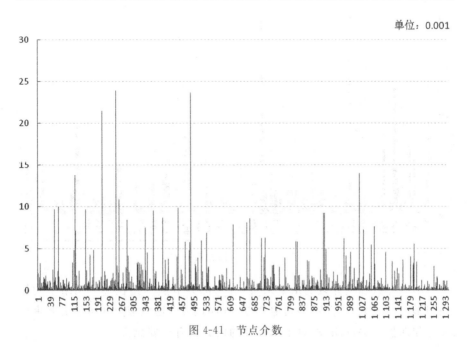

图 4-41　节点介数

珠海城市公交网络边介数与分布如表 4-6、图 4-42 所示。

表 4-6　边介数示意

路径编号	边介数（单位:0.001）	路径编号	边介数（单位:0.001）
0	0.075 120 639	11	0.106 780 783
1	0.063 622 862	12	0.152 386 795
2	0.171 613 938	13	0.744 522 272
3	0.144 327 349	14	0.063 842 916
4	1.583 309 806	15	0.191 583 76
5	0.081 117 087	16	0.100 371 736
6	0.200 495 912	17	0.001 787 932
7	3.269 356 919	18	0.100 756 829
8	0.000 027 507	19	0.057 598 908
9	0.318 416 885	20	1.465 058 753
10	0.063 787 902		

单位：0.001

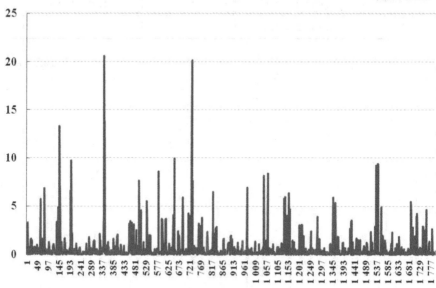

图 4-42　边介数

从点介数和边介数的结果来看,有一部分节点和边在整个网络中的作用和影响力较大,其介数是其他节点和边的多倍,这些节点和边是需要重点关注和保护的关键路段,对于鲁棒性的研究具有重要意义。

4.4.5　节点强度和强度分布

步骤 1:路网节点强度与累积强度分布关系(见图 4-43)。

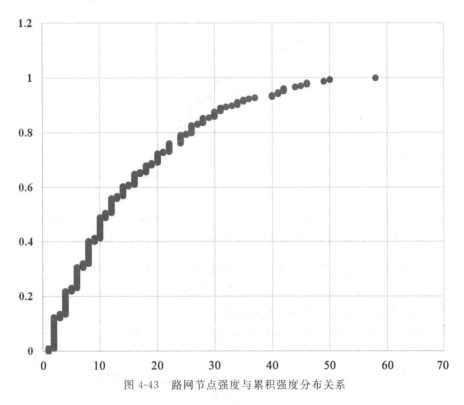

图 4-43　路网节点强度与累积强度分布关系

如图 4-43 所示,在基于邻接站点的公交复杂网络的节点中,前 10% 节点的节点强度值较大,累积强度达到 40% 以上,其中前 5% 的节点的累积强度就达到 20% 以上,因此,这些节点在整个公交复杂网络中解决网络的连通性、满足运输能力上发挥了重要作用。此外,节点强度在 5 以下的数量较多,但累积强度却较少,说明大部分的节点出现换乘的概率较小。这些站点虽然相对客流也较少,但这些站点也具有重要意义,不仅明显提高了公交网络的覆盖范围及密度,还可以增加出行的便利性。

从路网节点强度与累积强度分布关系可以看出,节点强度随累积节点强度单调递增变化,在珠海市公交复杂网络中,节点强度越大,说明实际公交线路通行密度越高,客流量越大,承载和运输能力越强,是实际公交网络中一些人员流动密集、换乘集中的场所,对于线网的优化、改造、升级、扩容具有重要意义。

路网节点强度与累积强度分布关系：
$$y = 0.029\ 5x + 0.052\ 2, R^2 = 0.886\ 22 \qquad (4\text{-}16)$$
步骤2：路网节点强度与节点强度降序排列序数的双对数散点图(图4-44)。

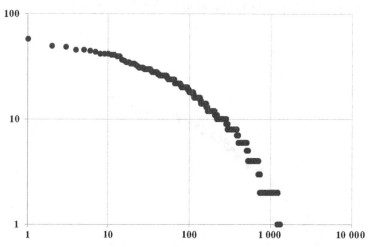

图4-44　路网节点强度与节点强度降序排列序数的双对数散点图

路网节点强度与节点强度降序排列序数的双对数散点图拟合关系：
$$y = -7.485\ln(x) + 52.792, R^2 = 0.962\ 07 \qquad (4\text{-}17)$$
说明邻接式公交复杂网络整体上服从幂律分布。

步骤3：节点强度与累积强度分布双对数散点图(见图4-45)。

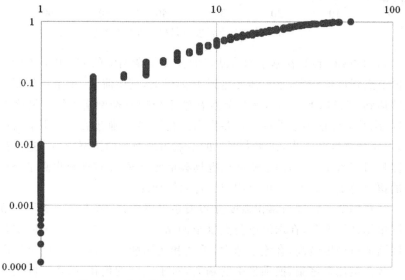

图4-45　节点强度与累积强度分布双对数散点图

节点强度与累积强度分布双对数散点图拟合关系：

$$y = 0.029\,5x + 0.052\,2, R^2 = 0.886\,22 \qquad (4\text{-}18)$$

同样说明邻接式公交复杂网络整体上服从幂律分布。

4.4.6 承载压力

珠海市城市公交网络的承载压力分布如图 4-46 所示。

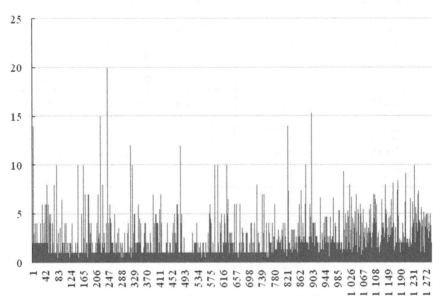

图 4-46 承载压力分布

从承载压力的分布来看,珠海市城市公交网络总体上分布较为均匀,但部分站点承受的压力较大,甚至达到了 10 以上,说明这些站点的节点强度远大于节点度,不仅实际的线路密集,且线路上的交通流量也非常大,对于发车间隔、线路数量、线网规划分散压力等具有重要的参考价值。

筛选出节点强度大于 40,承载压力大于 10 的相连公交站点,得到公交柏宁、南屏水库、南泉路口、珠光汽车公司 4 个站点属于交通流量大、交通拥堵严重的问题站点。

4.5 本章小结

本章首先提出了面向公交线网规划和运营决策的客流特征分析指标体系,论述了客流量、公交车辆运营、公交乘客出行特征 3 个方面的指标计算方法。以珠海市的实际公交数据为例,对 OD 估算方法进行了验证,并依据 OD 结果对客流特征进行了详细的分析。

同时,在珠海市公交复杂网络统计特征分析的基础上,本章对珠海市公交网络整体的状况进行汇总如表 4-7 所示,珠海市公交网络属于大型城市公交网络,节点数量多、线网密度较大,从节点度、点权值、边权值、聚类系数来看,但其发展水平还有很大的提升和发展空间,同时,从点权值、承载压力来看,其线网规划、运营调度还有进一步优化和改善的空间。

表 4-7　汇总信息

节点数量	1 304	平均边权值	2.57
路径数量	3 631	平均点权值	6.56
路段数量	1 815	网络直径/km	15.934
边数量	3 208	平均路径长度/km	20.96
线路数量	182	平均聚类系数	0.64
站点网平均度	2.78	平均承载压力	2.18

第5章 基于客流加载的城市 公交网络鲁棒性分析

5.1 以客流驱动的城市公交网络加载模型及算法

5.1.1 参数及变量定义

为了实现客流的动态加载,需要使公交线路、公交站点、公交车次、上下车乘客、车内乘客在时间、空间序列上精确匹配,不仅数据量巨大,而且逻辑复杂。

如图 5-1 所示,假设城市的公交网络由 I 条公交线路组成,每一条公交线路编号为 i,分上下行两个方向分别考虑,上行共有 K_u 个公交站点,下行共有 K_d 个公交站点,发车间隔为 $\mathrm{gap}(i)$,为了对早晚高峰、平峰时段进行区别,将发车间隔进行分段处理,即对于每一个天,存在 0:00—7:00 第 i 条公交线路的发车间隔为 gap01,7:00—9:00 第 i 条公交线路的发车间隔为 gap12(i),9:00—17:00 第 i 条公交线路的发车间隔为 gap23,17:00—19:00 第 i 条公交线路的发车间隔为 gap34(i),19:00—24:00 第 i 条公交线路的发车间隔为 gap45(i)。

每条公交线路 i 有 k 个站点且每个站点编号 I_k,站点名称为 Station I_k,分为上下行两个方向分别考虑,站点 k 距离所在行驶方向起点的距离为 $S(k)$,则站点 k 和站点 $k+1$ 之间的站间距可以表示为 $\Delta S(k,k+1)$,其中 $\Delta S(k,k+1) = \sum\limits_{k}^{k+1} L(k)$,$L(k)$ 为第 k 个公交站点到第 $k+1$ 个公交站点的路段长度。

第 i 条公交线路的第 j 辆公交车到达第 k 个站点的时刻为 $t_{i,j}(k)$,离开第 k 个站点的时刻为 $t'_{i,j}(k)$,则第 i 条公交线路的第 j 辆公交车在第 k 个站点的驻站时间为 $t'_{i,j}(k) - t_{i,j}(k)$,同时,定义第 i 条公交线路的第 j 辆公交车在第 k 个站点的上车人数为 $u_{i,j}(k)$,下车人数为 $d_{i,j}(k)$,假设每个乘客上下车的时间为 2 秒,则第 i 条公交线路的第 j 辆公交车在第个 k 站点的上车时间为 $t^u_{i,j}(k)$,下车时间为 $t^d_{i,j}(k)$。

如图 5-1 所示,定义 $a_{i,j}(k)$ 为第 i 条公交线路的第 j 辆公交车在站点 k

的潜在服务时间（由于时间未知但距离已知，通过到服务站点的距离来衡量，转化为时间）的开始时刻。

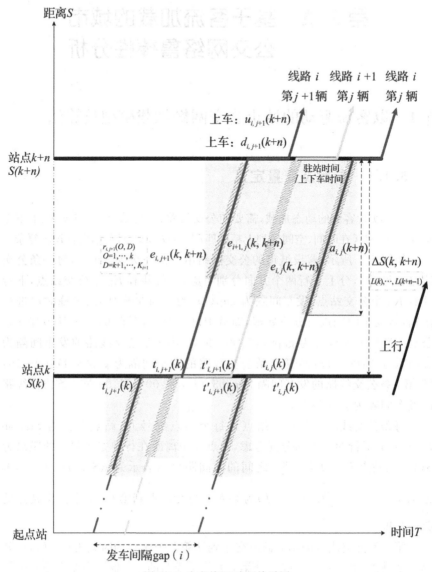

图 5-1　公交线网时空关系图

图中，$e^u_{i,j}(k, k+1)$ 为第 i 条公交线路上行方向的第 j 辆公交车上第 k 个公交站点到第 $k+1$ 个公交站点之间的车载人数；$e^d_{i,j}(k, k-1)$ 为第 i 条公交线路下行方向的第 j 辆公交车上第 k 个公交站点到第 $k-1$ 个公交站点之间的车载人数。

　　针对第 i 条公交线路的第 j 辆公交车在站点 k 的潜在服务时间具有如下定义,潜在服务时间的开始时刻上行方向为 $a_{i,j}^u(k)$,下行方向为 $a_{i,j}^d(k)$;潜在服务时间的结束时刻即为第 i 条公交线路的第 j 辆公交车在站点 k 的时刻 $t_{i,j}(k)$,即潜在服务时间的结束时刻上行方向为 $t_{i,j}^u(k)$ 和下行方向为 $t_{i,j}^d(k)$;上行方向的潜在服务时间区间为 $[a_{i,j}^u(k),t_{i,j}^u(k)]$,下行方向的潜在服务时间区间为 $[a_{i,j}^d(k),t_{i,j}^d(k)]$,上行方向的潜在服务时间长度为 $t_{i,j}^u(k)-a_{i,j}^u(k)$,下行方向的潜在服务时间长度为 $t_{i,j}^d(k)-a_{i,j}^d(k)$。接下来本章的分析均以 gap01$(i)$ 为例。

　　(1) 上行方向,当在始发站时,即 $k=1$ 时

$$a_{i,j}^u(k) = \text{starttime} + (j-1) * [\text{gap01}(i)]/60/24 \qquad (5\text{-}1)$$

　　(2) 上行方向,当不在始发站时,即 $k>1$ 时

$$a_{i,j}^u(k) = a_{i,j}^u(k-1) + 60/3600/24 + [L(k-1,k)/v/3600/24]$$
$$(5\text{-}2)$$

　　潜在服务时间主要的组成部分包括:① 当日起始时刻;② 第 j 辆公交车在第 i 条公交线路始发站的发车时刻或者在上一站点($k+1$ 或者 $k-1$)的进站时刻;③ 上一站点到站点 k 的行驶时间;④ 预留的 1 min 驻站时间(后续算法中会根据上下车实际人数进行动态修正)。

　　(1) 下行方向,当在始发站时,即 $k=K_d$ 时

$$a_{i,j}^d(k) = \text{starttime} + (j-1) * [\text{gap01}(i)]/60/24$$

　　(2) 下行方向,当不在始发站时,即 $k<K_d$ 时

$$a_{i,j}^d(k) = a_{i,j}^d(k-1) + 60/3600/24 + [L(k-1,k)/v/3600/24]$$

其中,starttime 为当日凌晨 0:00(便于与输入参数中的时间格式数据进行比较);K_u 为上行站点个数;K_d 为下行站点个数;$L(k-1,k)$ 为第 $k-1$ 个公交站点到第 k 个公交站点之间的距离;v 为公交车平均车速,取 20 km/h。

5.1.2　数据基础

5.1.2.1　已知数据

　　如表 5-1 所示,根据城市路网拓扑结构数据可以得到 GIS 底图、路段长度信息,根据城市公交线网结构数据可以得到站点名称及坐标、线路上下行组成,进而能够通过 GIS 软件将珠海市城市公交网络在底图中呈现出来。

　　根据公交车 GPS 报站数据和公交车上车 IC 卡刷卡数据,虽然部分有效,但可以将公交线路、公交车辆、公交站点、乘客 4 者匹配起来,再进行等比例放样,得到基于时间序列的整个城市公交出行的动态需求。

表 5-1　珠海市城市公交网络原始数据

数据名称	数 据 内 容	备注
城市路网拓扑结构数据	站点和道路 GIS 数据及底图信息、路段长度或者站点间距	
城市公交线网结构数据	站点名称及坐标、线路上下行组成	
公交车上下车 IC 卡刷卡数据	IC 卡号、上下车刷卡时间及站点名称、线路名称、车牌号、上车运行方向	部分有效
公交车 GPS 报站数据	每条报站记录所在线路名称、车牌号、上下行方向、报站站点名称、进出站点时间	部分有效

5.1.2.2　基于出行链的公交客流数据整合结果

基于 4 类原始数据,需要通过数据处理得到基于时空序列的城市公交网络客流加载的输入数据,才能够进行客流数据加载。采用的方法是利用 SQL Server 数据库和 GIS 软件,基于出行链的方法对部分有效的乘客个体单次出行记录进行集计,通过与公交线路、公交车辆、公交站点在上下车时间、上车运行方向、上下车站点 3 类信息的匹配,完整复原部分乘客单次出行的出行轨迹信息,再进行等比例放样来获得放样后全天站点 OD 需求数据,同时集计得到公交站点上下车客流量和路径流量数据,如表 5-2 所示。

表 5-2　珠海市城市公交网络原始数据处理结果

数据名称	数 据 内 容
部分个体单次出行记录	IC 卡号、线路名称、车牌号、上下车站点名称、上下车时间
放样后全天站点 OD 需求	放样后全天 OD 对之间总交通需求
路径流量	每条线路上下行站点的个数、站点的名称、站点间衔接关系、站点间距
公交站点上下行客流量	路段编号、连接站点名称、上行站点上下车客流量、下行站点上下车客流量

5.1.3　城市公交线网数据加载

根据本书的研究内容和研究方法,需要将已知的城市公交网络数据信息进行读取,由于数据量庞大,必要的时候需要分段读取。

选取了珠海市公交网络 2015 年 4 月 13 日至 2015 年 4 月 19 日的数据进行研究,已知数据需要读取的数据信息如表 5-3 所示。

表 5-3　数据信息汇总及集计过程及数据加载输入参数

数据名称	符号	数据内容								
		1	2	3	4	5	6	7	8	9
输入参数										
公交站点	Station	—	线路	站点数量	站点编号	站点名称	上车运行方向			
路径流量	F_Netflow	Link_ID	NODEi	NODEj	Flow_ij	Flow_ji				
OD 流量	F_ODcount	——	NODEi	NODEj	OD_count					
个体单次出行	F_ODindividual	IC 卡卡号	线路	车牌号码	上车刷卡时间	上车站点	上车运行方向	上车进站时间	下车站点	下车进站时间
原始数据										
线路信息	lineID	Link_ID	线路							
站点 GIS	StaCoord	node_loc	NODEi	NODEj						
原始数据										
道路 GIS	road net-work. gdb	node_loc	road_loc							
OD 距离	OD_dis	——	NODEi	NODEj	Total_Lenth					
底图信息	shp_Zhuhai	road	水系	县界	Stop					
站点间距	Link_Lenth	——	NODEi	NODEj	Link_Lenth					
GPS 报站	GPS_Report	——	线路	车牌号码	上车刷卡时间	进站	上车运行方向	进站时间		
IC 卡刷卡	IC_output	IC 卡卡号	线路	车牌号码	上车刷卡时间	上车站点	上车运行方向	上车进站时间	下车站点	下车进站时间

在实际数据处理过程中,为了由原始数据得到加载数据的输入参数,首先需要根据表 5-3 中的原始数据信息,将原始数据在 GIS 系统中匹配,并经过 SQL Server 数据库进行集计后,最终得到输入参数。

其中,输入参数在读取到 Matlab 等软件时,由于数据量太大,无法完整读取,因此,需要将每项输入参数分为 3 段读取。

在完全导入 Matlab 等软件后,将相同颜色标记出来的部分进行信息匹配,使得线路、车辆、上车运行方向、乘客上下车站点、乘客上下车时间能够连接起来,使宏观交通出行量 Flow_ij、Flow_ji、OD_count 能够与乘客个体单次出行匹配,进而完整呈现每个乘客 IC 卡刷卡的出行信息,通过对个体出行的离散数据集计,可以得出每个时段内,每条公交线路的每辆公交车上的乘客数量,以及到达每个公交站点后,上下车的乘客人数;同时也能明确不同时段内每对 OD 之间的动态出行需求,为全线网协调进行发车频率/发车间隔的优化提供数据保障。

5.1.4 时空序列分析及客流加载逻辑设计

在数据加载完成的基础之上,为了构建城市公交系统的时空体系,充分利用加载导入的数据信息,使公交车与乘客能够在城市公交系统中动态定位自身位置,设计了 2 层划分和 8 层嵌套循环语句进行加载。

按照时间、空间序列进行以下推演。

(1) 第一层划分为时段的划分,全天划分为 5 个时段。

第一层循环为粒子群算法的寻优过程:

for m=1：1：M

end

其中,设定 M 个粒子,每个粒子都将随机获得一组初值。

第二层循环为公交线路的循环:

for i=1：1：I

end

(2) 第二层划分为上、下行方向的划分,上、下行同步进行,设计了上行方向从站点 1 到站点 k 的增大顺序,而下行方向从站点 k 到站点 1 的减小顺序。

第三层循环为公交车次的循环:

for j=1：1：J

end

第四层循环为公交站点的循环：

for k＝1：1：K

end

第五层循环为导入的路径流量和 OD 流量的起点匹配：

for o＝1：1：O

end

第六层循环为导入的路径流量和 OD 流量的起点后续终点匹配,集计得全天 OD 流量：

for d＝1：1：D

end

第七层循环为根据上车站点时间匹配 IC 刷卡数据,以由出发站点 k 出发为条件进行循环：

for g＝1：1：G

end

第八层循环为根据上车站点时间匹配 IC 刷卡数据,按下车站点进行匹配,第 i 条公交线路从站点 k 出发,一方面计数得出第 i 条公交线路从站点 k 出发到达后续站点所以客流量的总出行需求；另一方面,计数得出第 i 条公交线路从站点 k 出发并到达后续站点 s 下车的出行需求,以及该行驶方向上潜在服务时间区间范围内,第 i 条公交线路从站点 k 出发到达后续站点 k 下车出行需求：

for s＝1：1：S

end

第五层和第六层循环所得的出行需求为第 i 条公交线路在站点 k 的全天站点 OD 对之间的总需求 $roup_i^u(k)$ 或 $roup_i^d(k)$；第七层和第八层循环所得的出行需求之比即可得出每个潜在服务时间区间范围内,第 i 条公交线路从站点 k 出发并到达后续站点的比例 $dyrop_i^u(k)$ 或 $dyrop_i^d(k)$,客流量为 $dODtup_i^u(k)$ 或 $dODtup_i^d(k)$,以及每个潜在服务时间区间范围内,第 i 条公交线路从站点 k 出发并到达后续站点 s 下车的比例 $dyrotnp_i^u(k,s)$ 或 $dyrotnp_i^d(k,s)$。

5.1.5　线路及车次客流协调

对于同一个行驶方向(上/下行)的两条或多条公交线路,在时间上前后到达同一个站点,并且开往下一个站点时,即存在复线的情况下,以两条公交线路为例,如图 5-2 所示,共享的一部分客流量需要根据实际到站的先后顺序进行站点服务,服从先到先服务的策略。对于同一条公交线路的前后车次客流量的协调同样根据实际到站的先后顺序进行站点服务,服从先到先服务的策略。

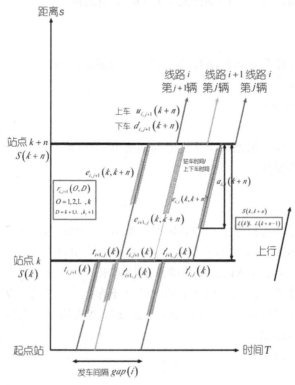

图 5-2　不同公交线路交汇的客流协调

若线路 i 与线路 $i+1$ 于站点 2 和 4 处相交,根据第五层至第八层循环的结果,存在以下参数。

(1) 2 到 4 的全天客流量: $roup_i^u(k)$ 或 $roup_i^d(k)$。

(2) 根据潜在服务时间区间的分时段客流量: $dODtup_i^u(k)$ 或 $dODtup_i^d(k)$ ($dyrop_i^u(k)$ 或 $dyrop_i^d(k)$ 为时段划分比例,由 IC 卡刷卡数据得到)。

考虑到前后车次先后到达同一个站点的分流因素,还有车辆载客能力的限制,则每个潜在服务时间区间范围内,第 i 条公交线路从站点 k 出发并到达后续站点下车的客流量 $dODtup_i^u(k)$ 或 $dODtup_i^d(k)$ 为:

$$dODtup_i(k) = dyrop_i(k) * [roup_i(k) - takeup_i(k)] + reup_i(k)$$

$$(5-3)$$

其中, $reup_i^u(k)$ 或 $reup_i^d(k)$ 为第 i 条公交线路从站点 k 出发的之前车次剩余滞留在站点 k 未能上车的客流量,考虑了车辆载客能力额限制; $takeup_i^u(k)$ 和

$takeup_i^d(k)$ 为第 i 条公交线路从站点 k 出发的所有车次的累计载客客流量,考虑了不同线路复线时前后车客流量的协调及同一条线路前后车次的客流量协调。

由以上 2 层划分和 8 层循环可以计算得出每个划分时段内,每条公交线路的某个行驶方向上,每辆车在每个站点的潜在服务时间区间范围内上车人数和下车人数以及车上剩余人数,从而计算出公交固定运营成本、公交动态运营成本以及乘客出行时间,计算方法见 5.1.6 节。

5.1.6　站点时空序列计算

对于特点的一个公交站点的一辆特点的公交车到达站点时,车载人数由 $e_{i,j}^u(k-1,k)$ 或 $e_{i,j}^d(k+1,k)$ 变化到 $e_{i,j}^u(k+1,k)$ 或 $e_{i,j}^d(k-1,k)$,其中发生了该公交车潜在服务时间区间内的上、下车客流量 $u_{i,j}^u(k)$ 和 $d_{i,j}^u(k)$ 或者 $u_{i,j}^d(k)$ 和 $d_{i,j}^d(k)$。

由图 5-3 可知,当第 i 条公交线路的第 j 辆公交车到达第 k 个公交站点时,存在:

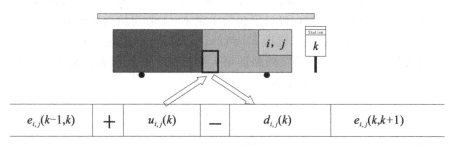

图 5-3　站点上下车乘客及客流传导图

(1) 上行方向车上人数

$$e_{i,j}^u(k,k+1) = e_{i,j}^u(k-1,k) + u_{i,j}^u(k) - d_{i,j}^u(k) \quad (5-4)$$

(2) 下行方向车上人数

$$e_{i,j}^d(k-1,k) = e_{i,j}^d(k+1,k) + u_{i,j}^d(k) - d_{i,j}^d(k) \quad (5-5)$$

对于特定的第 i 条公交线路的第 j 辆公交车来说,其到达第 k 个站点的时刻:

(1) 上行方向

$$t_{i,j}^u(k) = s_u/v/60 + (j-1) * \text{gap01}(i) + \max(k-2,0) \quad (5-6)$$

(2) 下行方向

$$t_{i,j}^d(k) = s_d/v/60 + (j-1) * \text{gap01}(i) + \max(k_d - k - 1,0) \quad (5-7)$$

其中,s_u 或 s_d 为从上行或者下行方向始发站出发到第 i 条公交线路的第 k 个公交站点的各路段长度(站点间距)之和,即:

$$s_u = \sum_{k=1}^{k-1} L(k, k+1), s_d = \sum_{k=1}^{K_d-1} L(k, k+1)$$

5.1.7 客流登降量、车载人数及乘客行程时间计算

定义 $p_i^u(k)$ 为在第 i 条公交线路的第 k 个公交站点的潜在服务时间内上车,前往第 i 条公交线路的后续上行站点的乘客数量;$p_i^d(k)$ 为在第 i 条公交线路的第 k 个公交站点的潜在服务时间内上车,前往第 i 条公交线路的后续下行站点的乘客数量;$\rho_i^u(k)$ 为在第 i 条公交线路的第 k 个公交站点的潜在服务时间内上车,前往第 i 条公交线路的后续上行站点中第 $i+n$ 个公交站点的乘客数量比例;$\rho_i^d(k)$ 为在第 i 条公交线路的第 k 个公交站点的潜在服务时间内上车,前往第 i 条公交线路的后续下行站点中第 $i-n$ 个公交站点的乘客数量比例。实际上,$p_i^u(k)$ 或 $p_i^d(k)$,即 $dODtup_i^u(k)$ 或 $dODtup_i^d(k)$ 已经被修正过。

那么对于特定的第 i 条公交线路的第 j 辆公交车来说,其到达特定的公交站点 k 之前,上行方向经过了包括 1 到 $k-1$ 公交站点在内的 $k-1$ 个公交站点,下行方向经过了包括 K_d 到 $k+1$ 公交站点在内的 K_d-k+1 个公交站点。因此,第 i 条公交线路的第 j 辆公交车在特定的公交站点 k 的累计下车乘客流量可以表示为:

$$D_i^u(k) = \sum_{m=1}^{k-1} \left[p_i^u(k) * \rho_i^u(m) \right] \tag{5-8}$$

$$D_i^d(k) = \sum_{m=k+1}^{K_d} \left[p_i^d(k) * \rho_i^d(m) \right] \tag{5-9}$$

也可以表示为

$$D_i^u(k) = \sum_{m=1}^{k-1} \left[dyrotnp_i^u(k) * dODtu\rho_i^u(m) \right] \tag{5-10}$$

$$D_i^d(k) = \sum_{m=k+1}^{K_d} \left[dyrotnp_i^d(m, k) * dODtu\rho_i^d(m) \right] \tag{5-11}$$

第 i 条公交线路的第 j 辆公交车在特定的公交站点 k 的累计上车乘客流量可以表示为

$$U_{i,j}^u(k) = \sum_{k=1}^{k-1} \left[u_{i,j}^u(k) \right] \tag{5-12}$$

$$U_{i,j}^d(k) = \sum_{k=k+1}^{K_d} \left[u_{i,j}^d(k) \right] \tag{5-13}$$

满足公交车载客能力限制的修正后的第 i 条公交线路的第 j 辆公交车到达第 k 个公交站点的车上乘客数量：

$$e_{i,j}^u(k,k+1) = \min\{[U_{i,j}^u(k) - D_i^u(k)],90\} \tag{5-14}$$

$$e_{i,j}^d(k-1,k) = \min\{[U_{i,j}^d(k) - D_i^d(k)],90\} \tag{5-15}$$

同时，第 i 条公交线路的第 j 辆公交车到达特定的公交站点 k 的上车乘客流量可以表示为：

$$u_{i,j}^u(k) = \min\{dODtup_i^u(k), \min\{[90 - e_{i,j}^u(k,k+1)],30\}\}$$
$$\tag{5-16}$$

$$u_{i,j}^u(k) = \min\{dODtup_i^d(k), \min\{[90 - e_{i,j}^d(k,k+1)],30\}\}$$
$$\tag{5-17}$$

第 i 条公交线路从站点 k 出发的所有车次的累计载客客流量：

$$takeup_i^u(k) = takeup_i^u(k) + u_{i,j}^u(k) \tag{5-18}$$

$$takeup_i^d(k) = takeup_i^d(k) + u_{i,j}^d(k) \tag{5-19}$$

第 i 条公交线路从站点 k 出发的之前车次剩余滞留在站点 k 未能上车的客流量：

$$reup_i^u(k) = dODtup_i^u(k) - u_{i,j}^u(k) \tag{5-20}$$

$$reup_i^d(k) = dODtup_i^d(k) - u_{i,j}^d(k) \tag{5-21}$$

最后，行程时间可以表示为：

$$T_{i,j}^u(k,k+1) = \sum_{s=1}^{k-1} dyrotnp_i^u(k,s) * dODtup_i^u(s) * [a_{i,j}(k) - a_{i,j}(s)$$
$$+ reup_i^u(k)] \tag{5-22}$$

$$T_{i,j}^d(k-1,k) = \sum_{s=k+1}^{K_d} dyrotnp_i^d(k,s) * dODtup_i^d(s) * [a_{i,j}(k) - a_{i,j}(s)$$
$$+ reup_i^d(k)] \tag{5-23}$$

5.2　城市公交网络鲁棒性分析

城市公交复杂网络既需要更高效的运营调度，也需要兼顾网络拓扑结构的鲁棒性。城市公交网络拓扑结构是公交系统的运行环境，因此，拓扑结构的鲁棒性是公交系统运营调度的重要基础，优化城市公交网络的发车间隔之前，需要首先从规划设计层面，分析和优化城市公交网络鲁棒性，从而提升城市公交网络运行效率、可靠性和服务水平，改善城市居民公共交通出行条件。

5.2.1 城市路网鲁棒性

所谓鲁棒性,是指如果移走网络中的少量节点或边后网络中的绝大部分节点仍是连通的,那么称这个网络具有鲁棒性。鲁棒性反映了网络系统在受到外界破坏或内部结构发生变化时,所能保持网络原有功能的能力。为深入理解城市路网鲁棒性的含义,需要理解城市路网鲁棒性、脆弱性、可靠性 3 个概念的区别。

5.2.1.1 城市路网鲁棒性

城市路网鲁棒性研究的是城市路网系统对外界干扰的抵抗能力,如路网中的路段或交叉口在遭受攻击时,路网能保持正常运作的能力。研究对象是路网的抵抗能力,研究目的在于提高系统的抗干扰能力。因此,城市路网鲁棒性属于后果类研究,关注的是事件发生后路网保持原有功能的抵抗能力,属于系统本身的既有属性,主要受系统本身拓扑结构特性的影响。

5.2.1.2 城市路网脆弱性

城市路网脆弱性是指交通系统在面对突发事件时可能产生的后果,研究对象是交通系统的退化程度,即道路网在面临风险时的敏感程度,常作为敏感系数,研究目的是预测未知的后果,以便及时采取措施,降低后果的负面影响。因此,城市路网脆弱性属于后果类研究,通常研究高概率或后果严重的事件造成路网服务能力下降或丧失的程度,主要受系统本身特性、供需变化等多方面因素影响。

城市路网的鲁棒性与脆弱性是复杂网络所特有的两大特性,两者都是网络弹性的体现,即除去网络中节点或边所带来的攻击效果,都属于后果类研究。但两者研究的对象、目的、影响因素均不同,城市路网的研究可以将鲁棒性视为脆弱性的补充,两者呈现对立统一的辩证关系。

5.2.1.3 城市路网可靠性

城市路网可靠性与鲁棒性密切相关,两者很容易混淆,许多人认为可靠性就是鲁棒性是错误的。可靠性是一种概率型指标,描述在一定的交通需求和交通供给波动下,路网性能能维持一定水平的概率大小,属于可能性的研究。

城市路网的鲁棒性与可靠性的区别在于,可靠性是一种概率值,而鲁棒性是指路网在承受攻击时所呈现的后果,它不是概率值。

从以上分析可以看出,鲁棒性是对网络本身拓扑结构的直接考量,反映网络系统保持原有功能的抗干扰能力,相对于脆弱性反映网络风险敏感程度和可靠性反映维持性能的概率,具有更高、更明确的要求,城市公交网络也是复杂网络的一种,同样容易受到拓扑结构变化的影响而稳定度下降,如由道路积水、洪涝、道路施工、交通拥堵等原因造成的站点失效、路段失效等情况,研究鲁棒性对于城市公交网络的稳定性提升具有重要意义,对于优化城市公交线网结构十分重要[131]。

5.2.2   城市路网遭受外界攻击的状态

城市公交网络被攻击可以分为随机性攻击和蓄意性攻击。研究表明,复杂网络具有小世界和无标度特性,可以承受意外的随机性攻击,但面对协同式蓄意攻击却很脆弱,如 5%～10%重要节点失效后会导致整个网络的瘫痪[132];而在随机性攻击时,即使 80%的节点失效后,路网仍然可以继续运作[132]。因此,研究城市路网遭受蓄意的协同式攻击时表现出的鲁棒性更有价值。

为了考量城市公交网络的鲁棒性,需要研究城市公交网络遭受外界攻击时通常呈现出的状态,包括节点攻击和边攻击两种情形。

情形 1:网络中的一条边被去除时,节点还会继续发挥作用,只有当连接节点的边都断裂时,节点才会失效,如图 5-4 所示。

情形 2:网络中一个点被去除时,连通该节点的边也将被去除,如图 5-5 所示。

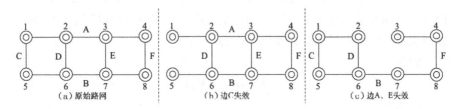

图 5-4   网络边遭受攻击的方式

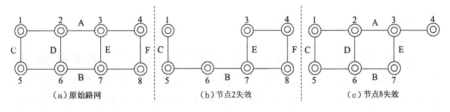

图 5-5   网络节点遭受攻击的方式

5.2.3 城市路网鲁棒性指标

研究城市路网在不同攻击方式下的鲁棒性,需要建立针对鲁棒性的评价指标体系,主要的评价指标如下所述。

5.2.3.1 连通度

连通度是指城市公交线网中实际边数量与理论最大边数量的比值。在城市公交线网遭受攻击时,连通度越大,表明网络的应变能力越强。

$$\gamma = \frac{|D|}{3|V_d| - 6} \tag{5-24}$$

式中,$|D|$ 为城市公交线网中边的数目;$|V_d|$ 为城市公交线网中节点的数目。

5.2.3.2 网络效率

网络效率是所有节点对之间的运输效率的平均值,是衡量城市路网通行能力的重要指标。

$$E = \frac{1}{y(y-1)} \sum_{i,j \in N, i \neq j} \frac{1}{d_{ij}} \tag{5-25}$$

式中,y 为城市公交线网中节点的总数,d_{ij} 为节点 i 到节点 j 的最短距离。

5.2.3.3 圈数率

圈数是指城市路网遭受破坏时,城市公交线网能提供的替代路线数量,圈数率是圈数与网络中节点数量的比值。圈数与圈数率可以用来反映城市路网在遭受攻击时提供替代路线的能力。

圈数

$$\mu = |D| - |V_d| \tag{5-26}$$

圈数率

$$\mu^{\mathrm{T}} = \frac{\mu}{|V_d|} \tag{5-27}$$

5.2.3.4 区域中心节点

在公交网络中,节点的服务范围会受到道路分级、行政、商业圈、城市规划的多方面影响,影响是有限的。因此,通常会进行区域划分,公交网络中存在多个小的子网络,客流量在每个子网络上汇集,汇集到子网络的某个或某几个节点上,再由这些节点上的连通节点实现子网络间长程客流的传输,这类节点便是其邻域内的枢纽或者区域中心节点,承担了绝大多数运力,研究表明,网络关键节点倾向于连接具有较少连接的节点而不是其他关键节点,关键节点之间具有相互排斥的特征,关键节点通过优先连接那些连接较少的节点来增长,以获得网络更强的鲁棒性。

为寻找关键节点,可以通过以下"掠夺"区域中心节点算法。

步骤 1:根据网络中节点的度为相应节点赋值;

步骤 2:节点从比它度值低的邻接节点中"掠夺"度;

步骤 3:"虚弱"节点的度被其各邻接节点按度值分配掠夺。

5.2.4　静态鲁棒性分析

5.2.4.1　原始鲁棒性评价指标计算

原始鲁棒性评价指标及其计算结果见表 5-4。

表 5-4　原始鲁棒性评价指标及其计算结果

评价指标	计算结果
连通度	0.46
网络效率	0.000 037 7
圈数率	1.46
区域中心节点/个	528

基于复杂网络鲁棒性指标的定义,首先对珠海市城市公交复杂网络的静态鲁棒性指标进行计算分析,可以看出,珠海市公交线网的连通度水平较低,网络效率不高。从圈数率来看,平均可供替代的线路有 1.46 条,区域中心节点数有 528 个,数目较多。说明珠海公交线网的可达性和覆盖范围表现较好,但是线网规划存在较大的优化空间,尤其是中心节点偏多,相互连接影响公交网络整体的鲁棒性表现,网络效率较低、圈数率较低。

5.2.4.2　基于鲁棒性评价指标的公交网络拓扑结构优化

以连通度、网络效率、圈数率 3 个鲁棒性评价指标为变量,计算 2 种攻击模式下,不同节点、不同边对公交网络拓扑结构的鲁棒性影响[133],寻找鲁棒性脆弱点和临界条件,并提出优化建议。

(1)节点失效。以上文所得的各站点 OD 对之间的最短路径为基础数据,对 1 304 个站点的平均最短路径进行统计,并将站点进行标号,采用标号法寻找节点,更加直观且效率较高。

为了迅速寻找鲁棒性脆弱点和临界条件,节点失效以度为标准,依照度进行降序逐一叠加失效,使网络的重要节点依次被重点攻击[134],探究网络效率、连通度、圈数率的变化情况,判断鲁棒性脆弱点和临界条件[135][136]。

从图5-6看出,依据度的排序,当节点攻击开始后,连通度被影响程度较大,呈现快速直线下滑的趋势,直到攻击度排序为 423 节点时,整个网络的连通度失去效用,因此对于网络连通度的改进要更加重视这 423 个节点之间的连接,才能保证城市公交网络鲁棒性更加明显的改善。

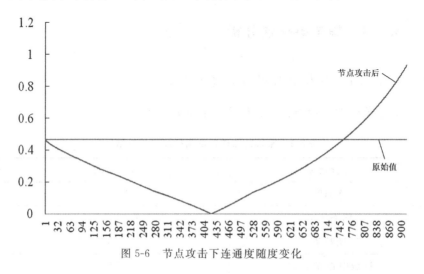

图 5-6　节点攻击下连通度随度变化

从图5-7看出,依据度的排序,当节点攻击开始后,网络效率被影响程度刚开始不受影响,网络节点依照节点度的排序不断失效,一直持续到攻击度排序为 309 的节点时,逐渐积累影响后开始出现加速降低的现象,直到攻击度排序为 681 节点时,整个网络的网络效率失去效用,因此,网络效率对于节点攻击的反应较慢,而且需要一个积累过程,初期度较大的节点失效对于网络效率的影响并不大。对于网络效率的改进要更加重视度较小的节点之间的改进,提高网络节点的度,才能保证城市公交网络鲁棒性更加明显的改善。

从图5-8看出,依据度的排序,当节点攻击开始后,圈数率被影响程度较大,呈现快速直线下滑的趋势,直到攻击度排序为 100 的节点时,整个网络的圈数率失去效用,因此对于网络圈数率的改进要更加重视这 100 个节点之间的连接,才能保证城市公交网络鲁棒性更加明显的改善。

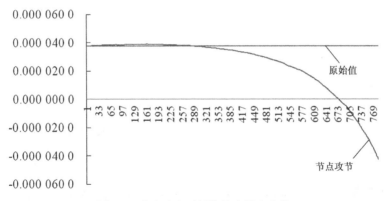

图 5-7　节点攻击下网络效率随度变化

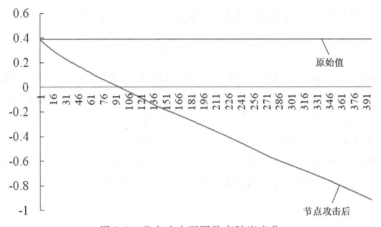

图 5-8　节点攻击下圈数率随度变化

（2）边失效。边失效采用随机的顺序进行攻击,即随机失效顺序,并逐一叠加网络中边的失效,但一旦边被选定攻击,考虑到其失效对周边节点及道路的影响,同时权衡鲁棒性评价指标计算需要对节点数量,则该边所在起点所连接的其他边将被依次攻击并失效,从而使该节点失去所有的度,促使节点数量产生变化。这样既合乎实际状况下网络的发展趋势,又使网络被攻击的程度加大,更有利于寻找边失效情形下的鲁棒性指标脆弱点和临界条件[137][138]。

从图 5-9 看出,依据度的排序,当边攻击开始后,连通度被影响程度很小,这点与点攻击差别很大,大部分边失效后对网络的连通度影响并不大,直到边失效造成度排序为 690 的节点失效时,整个网络的连通度开始下降,到边失效造成度排序为 1 011 的节点失效时整个网络才失去效用,因此对于网络连通度的改进要更加重视度较小的节点之间边的连接,才能保证城市公交网络鲁棒性更加明显的改善。

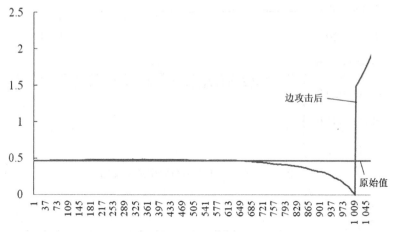

图 5-9　边攻击下连通度随度变化

从图 5-10 看出,依据度的排序,当边攻击开始后,网络效率被影响较大,网络边依照节点度的排序不断失效,边失效造成节点失效,网络效率出现加速降低的现象,直到边失效造成度排序为 632 的节点失效时,整个网络的网络效率失去效用,因此,网络效率对于边攻击的反应较快,这点与节点攻击的特征不同。对于网络效率的改进要更加重视度较大的节点相连的边的改进,才能保证城市公交网络鲁棒性更加明显的改善。

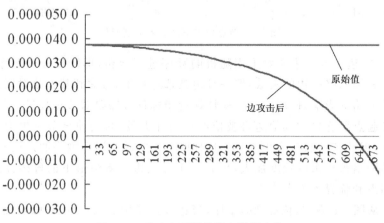

图 5-10　边攻击下网络效率随度变化

从图 5-11 看出,依据度的排序,当边攻击开始后,圈数率被影响程度很小,这点与节点攻击差别很大,大部分边失效后对网络的圈数率的影响并不大,直到边失效造成度排序为 697 的节点失效时,整个网络的连通度开始下降,到边失效造成度排序为 1 011 的节点失效时整个网络才失去效用,因此对于网络圈数率的改进要更加重视度较小的节点相连的边的连接,才能保证城市公交网络鲁棒性更加明显的改善。

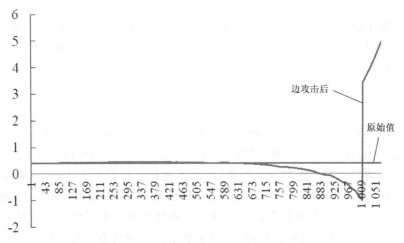

图 5-11　边攻击下圈数率随度变化

　　总体来看,边攻击的影响要小于节点攻击,这是因为节点连接了多条边,尤其是重要节点失效会影响网络整体的效用,而边只是连接的两个节点的其中一条边,不会起决定性作用。因此,边攻击的反应往往很慢,更需要关注度较小的小部分节点的安全,而节点则更需要关注度较大的节点,来保证和提高网络的鲁棒性,可以说边失效是间接引起节点失效。

　　无标度网络一般同时显现出针对随机故障或者蓄意攻击的鲁棒性,其鲁棒性对网络容错和抗攻击能力有重要影响。研究表明,虽然无标度网络容错性很强,但是面对基于节点度值的选择性攻击表现出的抗攻击能力很差。高度值节点极大地削弱了网络的鲁棒性,因为一个恶意攻击者只需攻击高度值节点,就能使网络迅速瘫痪。本书基于度排序的节点和边的攻击模式下的鲁棒性分析,证明了城市公交网络是一个无标度网络,并且在某些方面表现出较强的容错性,但是面对基于节点度值的选择性攻击还是有很大的破坏性,网络的某些节点或边被攻击后,会造成网络的迅速失效和瘫痪。因此,城市公交网络的鲁棒性研究要着重注意关键节点和边的作用。

5.2.5　动态鲁棒性分析

　　在城市公交网络静态鲁棒性分析的基础上,对城市公交网络进行动态客流加载,针对节点攻击和边攻击 2 种模式,城市公交线网动态鲁棒性的变化特点以及与节点、边的关系,还有影响程度的大小都值得深入探究,并且对于改善城市公交线网规划与设计,提高城市公交线网鲁棒性具有重要意义。

城市公交线网动态鲁棒性是指由于实际交通流的动态变化、人为或者自然原因等造成城市公交线网中的节点或者边被破坏,对于城市公交线网影响的程度。

5.2.5.1 节点攻击失效

站点 k 被攻击而失效,则路段集合 $\{\mathrm{Link}(\tilde{k})\}$ 也失效。其中,$\tilde{k}$ 表示与节点 k 相交的路段。失效后构建了新的点集合 P 和新的路段集合 L。

该情景以节点度的排序为依据,降序进行节点的攻击失效,来探究不同度值节点被攻击失效对于城市公交网络整体鲁棒性的影响大小;同时找出城市公交网络整体鲁棒性在动态客流加载的情况下随节点度值的变化情况、与节点度值的关系;找出对于城市公交网络整体鲁棒性影响最大的节点集合。

5.2.5.2 边攻击失效

路段边 1 被攻击而失效,失效后构建了新的路段集合 L。

该情景以边权值的排序为依据,降序进行边的攻击失效,来探究不同边权值的边被攻击失效对于城市公交网络整体鲁棒性的影响大小;同时找出城市公交网络整体鲁棒性在动态客流加载的情况下随边的边权值的变化情况、与边权值的关系;找出对于城市公交网络整体鲁棒性影响最大的边的集合。

5.2.5.3 特定脆弱点和边失效

依据节点度和边权值的大小排序,考虑节点度最大的节点和边权值最大的边进行攻击失效,并寻找针对此情景下,城市公交线网的优化改进方案,使影响较大的节点和边失效时,城市公交线网受到的影响较小。

5.3 案例研究

在城市公交网络静态鲁棒性分析的基础上,由于实际交通流的动态变化,需要对动态鲁棒性进行研究,主要是节点或者边被破坏后的影响程度的研究。首先基于以客流驱动的城市公交网络客流加载模型,将珠海市 133 条公交线路的进行客流量加载,研究不同攻击模式下城市公交网络受影响的程度。

5.3.1　节点攻击失效后城市公交网络鲁棒性变化

5.3.1.1　不同度值节点被攻击失效对于城市公交网络整体鲁棒性的影响

在城市公交网络中,不同度值的节点被攻击失效后,城市公交网络鲁棒性主要表现为:该节点所在的所有公交线路中,到达该节点以及其公交线路行驶方向终点站之间站点的客流量未能满足,在该站点之前的公交站点的客流量不受影响。

因此,被节点攻击失效的公交站点所在公交线路的客流量可以分为受影响客流量和不受影响客流量,受影响客流量的解决办法有以下两种。

(1) 除该站点本身的登降量外的其他其行驶方向终点站之间站点的客流量可以通过乘坐其他公交线路完成出行。

(2) 除该站点本身的登降量外的其他其公交线路行驶方向终点站之间站点的客流量可以继续乘坐受影响的该公交线路,并在到达该站点前的附近站点换乘其他线路完成出行。

该站点相邻站点的度值对于可换乘的解决办法影响较大,相邻站点的度值越高则换乘的便捷性和可能性加大,城市公交线网的鲁棒性越强,该站点行驶方向终点站之间站点的客流量则受到其站点本身的度值影响,度值高说明可替代的路线较多,城市公交线网的鲁棒性越强。

5.3.1.2　动态客流加载的情况下城市公交网络整体鲁棒性随节点度值的变化,与节点度值的关系

以图 5-12 为例,中电大厦是珠海市公交网络中度值最大的节点,其连接了公交网络中的 11 条边,其中,有 13 条公交线路经过该节点,其被破坏前的原始流量在被破坏以后可以分为两部分,即不受影响和受影响的客流量,而受影响的客流量中,有包括了 3 类:可换线解决的客流量、可换乘解决的客流量以及未能解决的客流量。

对于城市公交网络的鲁棒性研究来说,我们需要尽可能地在硬件设施建设上增加各个节点的联通度,一方面,这样不受影响的流量会很多,受影响的客流量很少,另一方面,即使某个节点被攻击失效,并且度值较高,也可

以通过相邻站点或者其他线路进行弥补。在硬件设施的基础上,运营调度的可操作范围是受影响的客流量部分,需要通过提高发车间隔等办法来实现受影响客流量的调度问题。

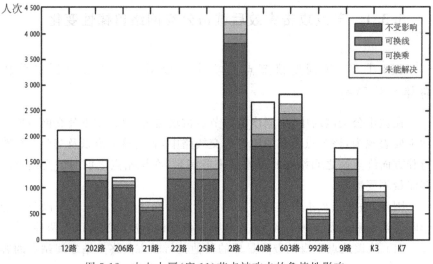

图 5-12 中电大厦(度 11)节点被攻击的鲁棒性影响

在以上单个节点的动态鲁棒性分析的基础上,可以对珠海市城市公交网络的动态鲁棒性进行分析,探究各个节点被攻击失效后的受影响程度。

如图 5-13 所示,将珠海市城市公交网络的所有节点按照附录中度值的排序顺序进行动态鲁棒性研究,将每个节点的客流量分为几部分比例,如不受影响客流量、可换线解决的客流量、可换乘解决的客流量以及未能解决的客流量。可以看出,绝大部分为不受影响的客流量,占到 7 成以上,可换线解决的客流量、可换乘解决的客流量并不多,对于节点度与城市公交网络动态鲁棒性的关系,可以看出,在度值分布的两端,即度值较大或者度值较少时,不受影响的客流量较少,说明在这两种度值情况下,节点度值对于城市公交网络的客流量影响较大。

进一步来看图 5-14,对相同度值进行集计,不难发现,节点度值与城市公交网络动态鲁棒性的关系呈现抛物线的趋势,度值较大或者度值较少时,受影响的客流量较多,城市公交网络的动态鲁棒性较弱。

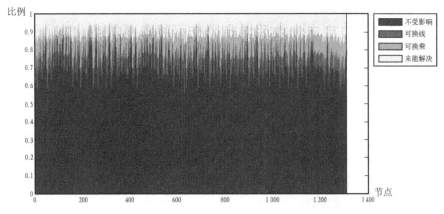

图 5-13　节点攻击下度值对客流量分布的影响

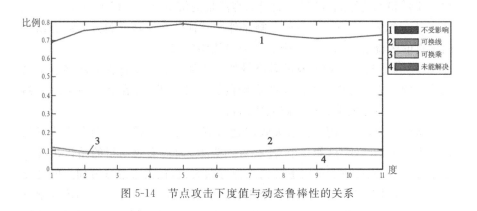

图 5-14　节点攻击下度值与动态鲁棒性的关系

5.3.1.3　城市公交网络整体鲁棒性影响最大的节点集合

由以上分析可以看出,度值对于城市公交网络的鲁棒性具有一定规律的影响,当节点度值较大时,其不可替代性增强,很难通过换线、换乘等其他方式弥补其缺失,因而当此类节点受到攻击失效时,对城市公交网络的鲁棒性打击较大,如珠海市城市公交网络中度值为 11 的节点中电大厦以及度值为 10 的节点;同时,当度值很小的时候,如度值为 1 的节点,当受到攻击而失效时,由于不能够通过换线、换乘等其他方式弥补,因此,相当于直接对乘客的行程进行截断,无法完成后续行程,此类节点的破坏对城市公交网络的鲁棒性影响也非常大。

综上所述,为了克服节点度对城市公交网络鲁棒性的影响,解决办法应当是使得城市公交网络节点的度尽可能平衡,并不断提高整个城市节点度的水平,降低对高度值和低度值节点的依赖性。

5.3.2　边攻击失效后城市公交网络鲁棒性变化

5.3.2.1　不同边权值的边被攻击失效对于城市公交网络整体鲁棒性的影响

在城市公交网络中,不同边权值的节点被攻击失效后,城市公交网络鲁棒性主要表现为:经过该边所在的所有公交线路从该边的终点到其公交线路行驶方向终点站之间站点的客流量未能满足,在该边终点站之前的公交站点的客流量不受影响。

因此,被边攻击失效的公交站点所在公交线路的客流量可以分为受影响客流量和不受影响客流量,受影响客流量的解决办法有以下两种。

(1)除该边终点站本身的登降量外的其他公交线路行驶方向终点站之间站点的客流量可以通过乘坐其他公交线路完成出行。

(2)除该边终点站本身的登降量外的其他公交线路行驶方向终点站之间站点的客流量可以继续乘坐受影响的该公交线路,并在到达该边终点站之前的附件站点换乘其他线路完成出行。

从以上分析可以看出,边失效问题与节点失效问题的区别在于节点失效是指定节点的所有(如 4 个)连接方向失效,而边失效则指的是该边终点所在节点处,该边所在进口道方向 1 个方向失效,仅需考虑该方向上的公交线路条数,即边权值所对应的公交线路的失效。此外,在可换线和可换乘方面,与节点失效类似,该边终点站相邻站点的度值对于可换乘的解决办法影响较大,相邻站点的度值越高则换乘的便捷性和可能性加大,城市公交线网的鲁棒性越强,该边终点站到其公交线路所在行驶方向终点站之间站点的客流量则受其站点本身的度值影响,度值高说明可替代的路线较多,城市公交线网的鲁棒性越强。

5.3.2.2　动态客流加载的情况下城市公交网络整体鲁棒性随边的边权值的变化、与边权值的关系

以图 5-15 为例,以边:白石南、银石雅园南——供水总公司为例进行研究,该边的节点白石南、银石雅园南是珠海市公交网络中度值第二大的节点,因此,是整个珠海市城市公交网络中比较重要的一条边,共有 10 条公交线路经过节点白石南、银石雅园南,其中 9 条公交线路经过边白石南、银石雅园南——供水总公司,边权值为 9。被破坏前的原始流量在被破坏以后可以分为两部分,即不受影响和受影响的客流量,而受影响的客流量中,有

包括了 3 类:可换线解决的客流量、可换乘解决的客流量以及未能解决的客流量。

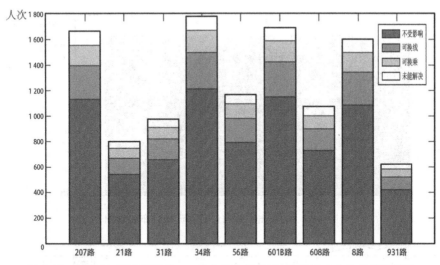

图 5-15　白石南、银石雅园南——供水总公司(边权值 9)被攻击的鲁棒性影响

在图 5-15 中,被攻击边白石南、银石雅园南——供水总公司相对于节点攻击(中电大厦)来说,虽然其不受影响的客流量依然明显多于可换乘解决的客流量以及未能解决的客流量,但是节点攻击的不受影响的客流量所占比例更高,说明边攻击受影响的客流量不如节点攻击,这是因为边攻击仅控制节点的一个进口方向,只要该方向不是桥梁等无法取代的通道型主要道路,边受攻击的影响程度要小于节点攻击,而其他道路上的公交线路可以作为替代来帮助乘客完成出行。

图 5-16 的横轴为按照边权值由小到大排序后的城市公交网络边,可以看出,边权值在边攻击下对客流量变化的影响与度值在节点攻击下对客流量变化的影响不同,边权值在边攻击下对客流量变化的影响呈现随着边权值单调变化的趋势,而度值在节点攻击下对客流量变化的影响则是抛物线的趋势。说明边攻击使边失效时,边的权值越高,受影响的客流量越大。

对于城市公交网络的鲁棒性研究来说,我们需要尽可能地在公交线路规划上使得公交线路不要过于集中在少量的城市道路上,而需要使其在所有道路上的分布更为均衡,这样,动态鲁棒性才会更好。在硬件设施的基础上,运营调度的可操作范围是受影响的客流量部分,需要通过提高发车间隔等办法来实现受影响客流量的调度问题。

在以上单条边的动态鲁棒性分析的基础上,可以对珠海市城市公交网络的动态鲁棒性进行分析,探究各个节点被攻击失效后的受影响程度。由

图 5-17 可以看出,不受影响的客流量比例随着边权值单调减少变化,说明边攻击使边失效时,边的权值越高,受影响的客流量越大。

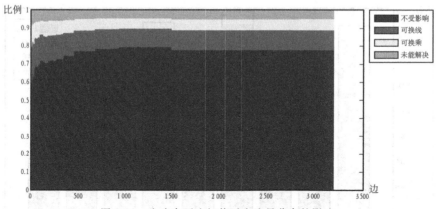

图 5-16　边攻击下边权值对客流量分布的影响

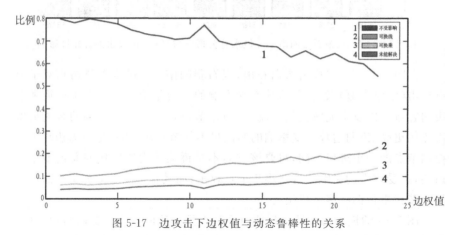

图 5-17　边攻击下边权值与动态鲁棒性的关系

5.3.2.3　城市公交网络整体鲁棒性影响最大的边的集合

以上分析可以看出,边权值对于城市公交网络的鲁棒性具有一定规律的影响,当边权值越大,其不可替代性增强,很难通过换线、换乘等其他方式弥补其缺失,因而当此类边受到攻击失效时,对城市公交网络的鲁棒性打击较大。

综上所述,为了克服节点度对城市公交网络鲁棒性的影响,解决办法应当是使得城市公交网络边的权值尽可能平衡,降低对高边权值的边的依赖性。

5.4　本章小结

　　基于城市公交线网、车次、乘客 IC 卡出行数据,本章全面梳理了已知的基础数据以及加工后的有效信息数据,对数据进行了深入匹配和挖掘,将有效数据加载到模型算法中实现了真实环境到虚拟场景的再现,为后续的建模和优化奠定了基础。在此基础之上,建立了以客流驱动的公交线网和客流加载模型及相应算法,使不同线路、不同车次、不同乘客的动态交通信息在模型中实现了交互,具有较强的创新性和理论价值。在此基础上,针对静态鲁棒性的评价指标进行研究和计算,并对珠海市公交网络从连通度、网络效率和圈数率 3 个复杂网络鲁棒性指标上分析了静态鲁棒性指标在节点攻击和边攻击的情形下,随度逐级失效的变化情况,找出了节点或边的敏感、薄弱处,为进行城市公交网络的优化提供了支撑;在此基础之上分析珠海市公交复杂网络的动态鲁棒性特点,主要是进行了基于客流加载的城市公交网络鲁棒性分析与优化,对城市公交网络在不同攻击模式下的失效程度进行鲁棒性分析研究,并针对鲁棒性脆弱点和敏感点进行鲁棒性优化的建议。

第6章 基于费用最优的城市 公交发车间隔优化

在城市公交线网拓扑结构静态、动态鲁棒性分析和优化的基础上,城市公交线网的运营调度管理对公交系统的运行效率同样至关重要,本章将以不同线路、不同时段内的发车间隔为运营调度优化目标,在客流动态加载的条件下,实现发车间隔的最优化。

6.1 参数及变量定义

动态需求是指在城市公交线网客流出行需求在时间维度上的动态变化,而载客能力限制是指线网、线路、车辆载客能力的限制,因为满载时,过多的客流出行需求会造成部分乘客滞留在车站,从而使得该部分客流的等待时间过长。在以上两种情况下研究城市公交系统发车频率/发车间隔具有重要意义,其一表现为动态需求下能够体现城市公交网络的运营管理在调度方案上的鲁棒性,其二表现为载客能力限制下优化城市公交系统发车频率/发车间隔实际上既避免了一辆车接走全部出行需求的情况,也创造了实现不同线路、不同车次之间客流量的分配和协调的条件。

定义如下参数。

$g(i)$:第 i 条公交线路的发车间隔,$g(i,j) \in [2,20]$;

$C(n)$:n 时段的总成本;

其中,$C(n) = C_1(n) + C_2(n) + C_3(n)$,$C_1(n)$ 表示公交线路运营固定成本(5 元/km),$C_2(n)$ 表示公交线路运营动态成本(1.2 元/min),$C_3(n)$ 表示公交线路乘客出行时间成本(包括车站等候时间和行程时间两部分)。实际上,以上 3 个分目标的计算基准都是基于时间,因此处于一个量级,可以直接求和集成一个整体的新目标。

6.2 公交发车间隔优化模型

以不同时段、不同公交线路的城市公交发车频率/发车间隔为自变量,

城市公交出行总费用 $C(n)$ 最小为优化目标,建立费用最优的城市公交发车间隔优化模型:

$$\text{Min } C(n)$$
$$\text{s.t. } 2 \leqslant g(i,j) \leqslant 20 \qquad\qquad (6\text{-}1)$$

基于该模型,任何动态 OD 需求的变化,均能够通过协调不同线路、不同车次的发车间隔来保证整个城市公交系统的鲁棒性。

实际上,本章的优化模型存在 133 个优化自变量,即 133 条公交线路的发车频率/发车间隔,首先发车频率/发车间隔是离散型变量,不可以求导,因此不能采用连续函数的寻优方法,如梯度下降算法,因此我们寻求启发式算法进行求解,采用粒子群算法。对于该问题的粒子群算法,即每个粒子需要在 133 维空间中进行寻优,找到全局最优的位置。

如图 6-1 所示,$g(i)$ 为第 i 条公交线路的发车间隔,$g(i,j) \in [2,20]$,同时,同线路不同车次间的基于发车间隔 $g(i)$ 的时空分布逻辑也能够非常直观地体现出来,基于以上定义,需要调用粒子群智能算法进行寻优,求解不同线路在不同时段的发车间隔。

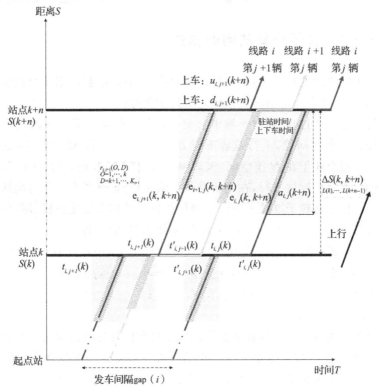

图 6-1　发车间隔示意图及同线路不同车次间的关系

6.3　算法设计

　　本文针对城市公交网络不同公交线路(珠海市共 133 条上下行往返线路)的发车间隔进行优化,分为 5 个时段(00:00—7:00、7:00—9:00、9:00—17:00、17:00—19:00、19:00—24:00),考虑了早晚高峰的影响,以公交线网的运营固定成本(5 元/公里)、运营动态成本(1.2 元/分钟)、乘客出行时间成本(包括车站等候时间和行程时间)的综合最小化为优化目标。

　　粒子群算法的运用较为简单,计算速度和效率高的优点,不要求目标函数必须连续可微,整套算法具有很强的通用性,可以根据实际需求进行参数的优化调整,尤其是对非线性的多变量且不连续又不可微的优化问题求解十分有利。本章需要对 133 条公交线路的上下行方向,在 5 个时段内的发车间隔进行同步优化,不仅属于多目标问题,变量多,很难得到最优解,而且属于整数不连续变量,因此,采用粒子群智能算法来求解发车间隔,既能保证计算精度,得到可行解,同时也兼顾了计算效率,满足整数不连续变量的需要。

6.3.1　粒子群算法问题描述

　　粒子群算法的拓扑结构有多种,针对本章的优化目标,采用全局粒子群算法,能够更加全面地对多变量问题进行求解寻优。

　　具体的算法过程为:对于城市公交线网划分的某一天 5 个时间段范围内的任意一个时间段,上行或者下行方向,设群体共有 M 个粒子(通常取 $10\sim50$),每个粒子在 N 维空间(未知因变量个数,即线路条数)中的每个维度范围内以一定速度飞行,在飞行路径搜索时,考虑到所有粒子每次迭代的全局最优位置和粒子群粒子的历史最优位置的基础上变化位置(即可行解)进行迭代寻优。对于第 m 个粒子具有 N 维向量属性,即

　　目前位置(即发车间隔):$t_m=(t_{m,1},t_{m,2},\cdots,t_{m,n},\cdots,t_{m,N})$;

　　个体历史最优位置:$p_m=(p_{m,1},p_{m,2},\cdots,p_{m,n},\cdots,p_{m,N})$;

　　速度:$v_m=(v_{m,1},v_{m,2},\cdots,v_{m,n},\cdots,v_{m,N})$;

其中,$m=1,2,\cdots,M$。

　　迭代寻优过程是根据每次迭代的粒子目前位置计算适应度函数值进行比较寻优,若迭代过程中某一次迭代的过程中某个粒子的当前位置的适应度函数值优于该粒子的当前位置,则更新该粒子的历史最优位置,每一次迭代的全局最优位置是指该次迭代过程中所有粒子位置对应的适应度函数的

最优值所对应的粒子位置,若某一次迭代的全局最优位置的适应度函数值支配上一次迭代全局最优位置,则更新全局最优位置 gbest ＝(gbest₁, gbest₂,…,gbestₙ,…,gbest_N),由此记录所有粒子每次迭代的全局最优位置和粒子群粒子的历史最优位置,不断更新,直到得到收敛精度或者迭代次数等收敛条件为止。本文适应度函数为公交线网的运营固定成本(5 元/公里)、运营动态成本(1.2 元/分钟)、乘客出行时间成本(包括车站等候时间和行程时间)三者之和。

6.3.2　位置及速度更新

设 l_{max} 为最大迭代次数,每次迭代搜索过程 l 需要根据粒子群各粒子个体历史最优位置(Local Best Position)p 和粒子群全局最优位置(Global Best Position)gbest 更新每个粒子的位置(Particle Position)及速度(Velocity)

$$t_{m,n}(l+1) = t_{m,n}(l) + v_{m,n}(l+1) \tag{6-2}$$

$$v_{m,n}(l+1) = \omega v_{m,n}(l) + c_1 \times \text{rand}() \times [p_{m,n} - t_{m,n}(l)]$$
$$+ c_2 \times \text{rand}() \times [\text{gbest}_n - t_{m,n}(l)] \tag{6-3}$$

其中,rand()是在区间[0,1]内取值,服从均匀分布的随机函数。

在速度更新公式中,第一部分可以反映粒子当前速度的影响,兼顾全局搜索与局部搜索能力;中间部分包含粒子本身的个体历史最优位置,使粒子具有一定的全局搜索能力,防止得到局部最优解;最后一项是关于粒子群的全局最优位置信息,体现粒子群中各个粒子之间的信息交流。

6.3.3　参数设定

6.3.3.1　加速常数

c_1(Relative Weight of Local Search)和 c_2(Relative Weight of Global Search)是两个非负的加速常数,分别反映粒子自我总结学习和向群体中优秀个体学习的能力,不断逼近最优解,两者的和通常为 4,一般取 2 能够使算法迭代次数较小。

加速常数除了取固定值外,还可以使两个加速常数实现在迭代过程中的同步变化和异步变化。

(1)同步变化。

$$c_1 = c_2 = \frac{c_{max} - c_{min}}{l_{max}} \cdot l \tag{6-4}$$

其中，c_{max} 为加速常数最大值，通常取 4；c_{min} 加速常数最小值，通常取 0。

（2）异步变化。

$$c_1 = c_{1,ini} + \frac{c_{1,fin} - c_{1,ini}}{l_{max}} \cdot l \qquad (6-5)$$

$$c_2 = c_{2,ini} + \frac{c_{2,fin} - c_{2,ini}}{l_{max}} \cdot l \qquad (6-6)$$

其中，$c_{1,ini}$ 和 $c_{2,ini}$ 为加速常数 c_1 和 c_2 的初始值；$c_{1,fin}$ 和 $c_{2,fin}$ 为加速常数 c_1 和 c_2 的迭代终值。通常取 $c_{1,ini} = 2.5$，$c_{2,ini} = 0.5$，$c_{1,fin} = 0.5$，$c_{2,fin} = 2.5$。

本文的两个加速常数均取值为 2。

6.3.3.2 最大粒子速度

V_{max} 是常数，限制了速度的最大值，通常取为当前位置可能取得的最大值，将速度限制在一个范围内 $[-V_{max}, V_{max}]$，即：

如果 $v_{m,n} < -V_{max}$，则 $v_{m,n} = -V_{max}$；

如果 $v_{m,n} > V_{max}$，则 $v_{m,n} = V_{max}$；

本文为发车间隔，取值为 $[2,20]$。

6.3.3.3 惯性权重

惯性权重 w 能够实现对粒子飞行速度的有效控制与调整，较大的惯性权重侧重全局搜索，粒子群速度随时间增大，易发散，错过最优解，较小的惯性权重侧重局部搜索，惯性权重最简单的是固定惯性权重，通常取 0.4 和 0.9 效果较好，若算法早期取较大值，具有发散性，可以加强全局搜索，后期取较小值，具有收敛性，可以侧重局部搜索以提高搜索效率和精度，因此，更多会选择动态惯性权重粒子位置及速度。常见的动态惯性权重有线性递减权重、非线性惯性权重、自适应权重、随机权重等动态惯性权重，还有采用收缩因子代替惯性权重，避免了惯性权重后期过小而失去搜索新区域的能力。

（1）线性递减权重。线性递减权重，随迭代时间步数 l 线性递减，先取最大值，后取最小值比较合适，收敛精度、收敛速度更优。

第一种：$\qquad \omega(l) = \omega_{start} - (\omega_{start} - \omega_{end}) \left(\frac{l}{l_{max}} \right) \qquad (6-7)$

第二种：$\qquad \omega(l) = \omega_{start} - (\omega_{start} - \omega_{end}) \left(\frac{l_{max} - l}{l_{max}} \right) \qquad (6-8)$

（2）非线性惯性权重。

第一种：
$$\omega(l) = \omega_{start} - (\omega_{start} - \omega_{end})\left(\frac{l}{l_{max}}\right)^2 \qquad (6\text{-}9)$$

第二种：
$$\omega(l) = \omega_{start} - (\omega_{start} - \omega_{end})\left[\frac{2k}{l_{max}} - \left(\frac{l}{l_{max}}\right)^2\right] \qquad (6\text{-}10)$$

第三种：
$$\omega(l) = \omega_{end}\left(\frac{\omega_{start}}{\omega_{end}}\right)^{1/(1+10l/l_{max})} \qquad (6\text{-}11)$$

（3）自适应权重。
$$\omega(l) = \omega_{start} - \frac{l(\omega_{start} - \omega_{end})}{l_{max}} \qquad (6\text{-}12)$$

（4）随机权重。
$$\begin{cases} \omega(l) = \mu + \sigma \cdot N(0,1) \\ \mu = \omega_{end} + (\omega_{start} - \omega_{end}) \cdot \text{rand}(0,1) \end{cases} \qquad (6\text{-}13)$$

其中，$N(0,1)$ 为标准正态分布的随机数；$\text{rand}(0,1)$ 为 0 到 1 之间的随机数；σ 为随机权重平均值的方差，通常取 0.2。本文的惯性权重取值为 0.4 和 0.9。

ω_{start} 为初始惯性权重，通常取 0.9；ω_{end} 为迭代至最大次数时的惯性权重，通常取 0.4。

（5）收缩因子。
$$v_{m,n}(l+1) = \varphi\begin{cases} v_{m,n}(l) + \\ c_1 \times \text{rand}() \times [p_{m,n} - t_{m,n}(l)] + \\ c_2 \times \text{rand}() \times [\text{gbest}_n - t_{m,n}(l)] \end{cases} \qquad (6\text{-}14)$$

其中，$\varphi = \dfrac{2}{\left|2 - C - \sqrt{C^2 - 4C}\right|}$ 为收缩因子；$C = c_1 + c_2$，且 $C > 4$。

6.3.3.4　密度距离

第 i 个粒子与第 j 个粒子之间的距离算子取欧几里德距离：
$$d_{i,j} = \sqrt{\sum_{k=1}^{K}\left[\frac{F_k(x_i) - F_k(x_j)}{F_k^u - F_k^d}\right]} \qquad (6\text{-}15)$$

式中，$F_k(x_i)$ 为第 x_i 个粒子第 k 个目标的适应度函数值；K 为问题空间的变量个数；F_k^u 和 F_k^d 分别为适应度函数值 $F_k(x_i)$ 的上、下界。

则 M 个粒子之间的距离矩阵可以表示为：

$$D = \begin{bmatrix} d_{11} & d_{12} & \cdots & d_{1M} \\ d_{21} & d_{22} & \cdots & d_{2M} \\ \vdots & \vdots & & \vdots \\ d_{M1} & d_{M2} & \cdots & d_{MM} \end{bmatrix} \qquad (6\text{-}16)$$

密度距离越大,粒子之间就越不拥挤,粒子群的多样性就越好。以上参数共同维护了粒子对全局和局部搜索能力的平衡。

6.3.4 算法流程

粒子群算法的具体算法及选择策略如下。

步骤 1:迭代次数 $t=1$,初始化粒子群算法的加速常数、最大粒子速度、惯性权重等参数和粒子位置、粒子速度等变量。

步骤 2:计算方法计算各粒子适应度。

步骤 3:若为第 1 步迭代,按照步骤 2 中的适应度函数值两两顺序比较进行排序,若适应度函数值相同,则比较密度距离,拥有更大密度距离的粒子更优,最终全局最优位置 gbest 选取该次迭代最优的适应度函数值对应的粒子位置,个体历史最优位置 p 是粒子的当前位置。

步骤 4:迭代次数 $t=t+1$,更新权重,基于个体最优位置和全局最优位置,根据粒子位置、速度动态表达式更新粒子的位置及速度。

步骤 5:根据适应度函数的计算方法计算各粒子适应度值。

步骤 6:基于新的粒子位置,首先,将各粒子当前位置与其个体历史最优位置 p 进行比较,若新的粒子位置的适应度函数值比该粒子历史最优位置的适应度值更好,则更新 p 为当前的粒子位置,否则个体历史最优位置不变;同时按照适应度函数值两两顺序比较各个粒子,进行排序,若适应度函数值相同,则比较密度距离,拥有更大密度距离的粒子更优,最终选取该次迭代最优的适应度函数值对应的粒子位置为该次迭代的全局最优位置,若该次迭代的全局最优位置的适应度函数值优于当前全局最优位置,则更新全局最优位置 gbest,其适应度函数值记为新的最优解。

步骤 7:重复步骤 4 到步骤 7 的工作直到达到预先设定的迭代次数或精度要求,得到全局最优解和最优位置。

步骤 8:结束算法。

如图 6-2 所示,粒子群智能算法的算法流程实际上是一个基于适应度函数的迭代寻优的过程。

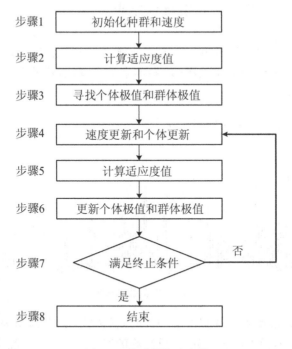

图 6-2　粒子群算法步骤

6.4　案例研究

以珠海市 2015-04-13(周一)的动态客流数据为例进行案例研究,共划分为 5 个时段计算不同时段的不同公交线路发车间隔。通过以客流驱动的城市公交网络加载模型对珠海市 133 条公交线路组成的城市公交网络进行客流加载,并进行以固定成本、动态成本和行程时间为优化目标的发车间隔/发车频率优化研究及分析,案例分析以本模型的优化结果与珠海市城市公交网络现状进行对比分析。

通过粒子群算法 20 组粒子在 133 个维度的空间内,100 次循环,寻找到一组 5 个时段的发车间隔的最优值,其最优解为 2 908 340 995,即为本模型所得发车间隔对应的固定成本、动态成本以及乘客出行行程时间成本之和的最优值。

6.4.1　客流时空分布特性结果

如图 6-3 所示是珠海市公交客流加载后在 133 条线路上的客流分布。151 路的乘客最少,仅有 1 人次;32 路的乘客最多,达到了 5 202 人次;平均乘客人次为 1 108。

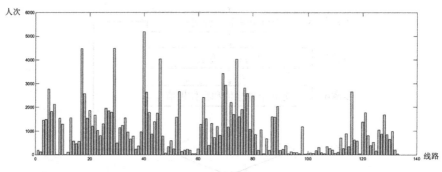

图 6-3　客流线路分布

如图 6-4 所示,将一天以 2 分钟为时间间隔划分,珠海市公交客流加载后在 1 157 个时段上的客流分布,早高峰的客流量明显多于晚高峰。

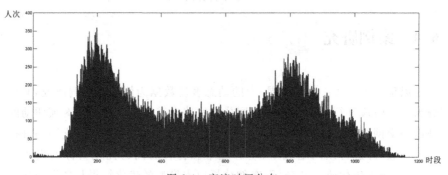

图 6-4　客流时间分布

进一步来看图 6-5～图 6-8,图 6-5 为珠海市城市公交客流在时空双轴上的分布,不难看出,编号 90 的公交线路之前的公交线路,其公交流量明显对于后 43 条公交线路,说明后 43 条公交线路的使用率不高,其运营线路和发车间隔都需要进行优化,来提高珠海市公交分担比;在时间上,将一天以 2 分钟为时间间隔划分,时段 200 和时段 800 附近对应的早晚高峰期间,大部分公交线路的客流量较大。

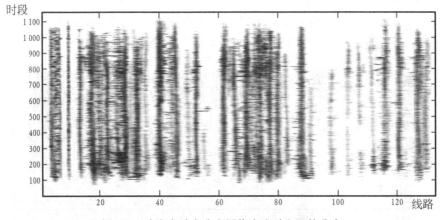

图 6-5　珠海市城市公交网络客流时空双轨分布

图 6-6～图 6-8 是对每小时时间间隔内的城市公交客流在时间网格上进行进一步的三维分析、二维投影分析以及等高线分析,从图 6-6 可以看出 0:00—7:00 的第一时段内,有许多公交线路没有客流量,这与人们日常出行时间、公交时刻表在该时间段内不存在有关;从全天的维度来看,依然是呈现早、晚高峰的明显特征,并且从早高峰期间 7:00—9:00 的每小时内的每一分钟间隔中客流量的变化来看,早高峰的客流量是随每分钟增大的,而晚高峰每小时内的每一分钟间隔中的客流量则相对较为稳定。

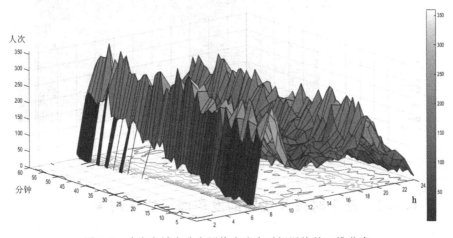

图 6-6　珠海市城市公交网络客流在时间网格的三维分布

从图 6-7 观察,2:00—7:00 之间,由于人们日常出行时间、公交时刻表在该时间段内不存在,因此基本没有公交客流;在 8:00—10:00 和 18:00—20:00 之间,公交客流量非常多,尤其是 8:30—9:30 和 18:30—19:30 期间,因此,珠海市的早晚高峰时间较为延迟。实际上,在本文的基础之上,根据珠海市的实际情况,作时段划分时可以相应推后,对其公交客流高峰期的发车间隔进行优化,总之,时段划分是可以根据实际需求进行变化调整的。

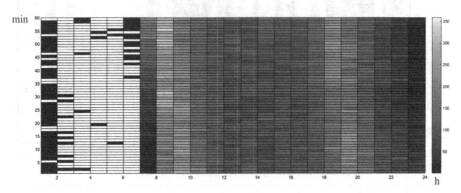

图 6-7　珠海市城市公交网络客流在时间网格的二维投影分布

如图 6-8 所示,珠海市城市公交客流在时间网络上的变化在早高峰期间变化率增长较快,变化率下降较慢,晚高峰期间增长和下降的变化率相差不大,早高峰的客流量整体高于晚高峰。

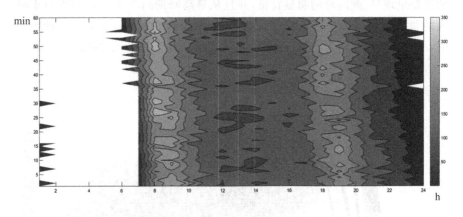

图 6-8　珠海市城市公交网络客流在时间网格的三维等高线分布

6.4.2　基于时段和线路的发车间隔优化结果

下面来分析 5 个划分时段内的发车间隔以及固定成本、动态成本、行程时间等目标函数的结果分析。

如图 6-9 所示,时段 1(6:00—7:00)内发车间隔在区间[2,20]内变化,发车间隔主要为[0,6],发车间隔较短。

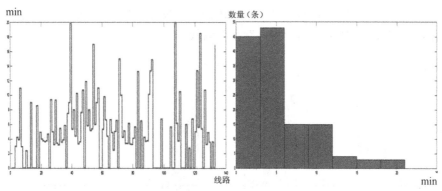

图 6-9　时段 1 发车间隔及其分布

如图 6-10 所示,时段 2(7:00—9:00)内发车间隔在区间[2,20]内变化,
发车间隔主要为 5 分钟左右,发车间隔较短,且集中度较高,说明 5 分钟发
车时间间隔在珠海市的高峰期间较为适用。

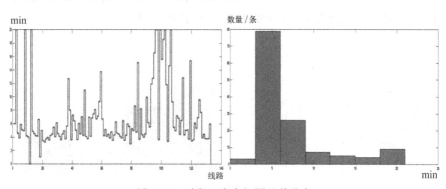

图 6-10　时段 2 发车间隔及其分布

如图 6-11 所示,时段 3(7:00—17:00)内发车间隔在区间[2,20]内变
化,发车间隔主要为 5 分钟以下,但是也存在一定比例的较长的发车间隔。

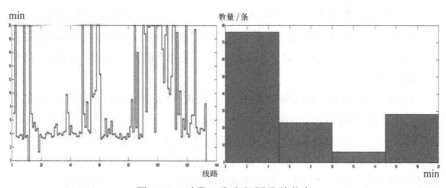

图 6-11　时段 3 发车间隔及其分布

如图 6-12 所示,时段 4(17:00—19:00)内发车间隔在区间[2,20]内变化,发车间隔主要为 5min 左右,发车间隔较短。

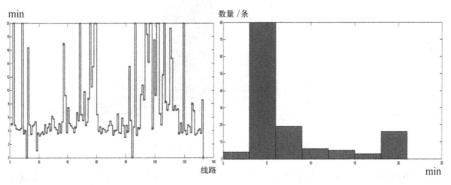

图 6-12 时段 4 发车间隔及其分布

如图 6-13 所示,时段 5(19:00—24:00)内发车间隔在区间[2,20]内变化,发车间隔分布较为均匀,不如其他 4 个划分时段集中。

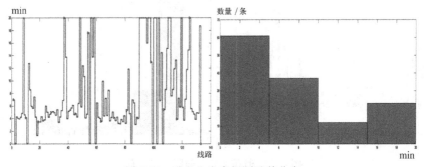

图 6-13 时段 5 发车间隔及其分布

从图 6-14 来看,在珠海市的公交线路中 19:00—24:00 的发车间隔较大,9:00—17:00 和 6:00—7:00 两个时段内的小部分公交线路发车间隔也较大,总体上,早晚高峰时段 7:00—9:00 和 17:00—19:00 内的发车间隔最短。

从图 6-15 来看,在珠海市所有公交线路在所有时段的发车间隔主要为 4~6 min,2~4 min 次之,另外,对于长发车间隔,18~20 分钟的发车间隔也较多。

从图 6-16 来看,从珠海市所有公交线路的发车间隔在各个时段波动来看,中心线差别不大,集中在 4~5 min,从波动幅度来看,9:00—17:00 和 19:00—24:00 的振幅较大,而早晚高峰 7:00—9:00 和 17:00—19:00 两个时段内,超出变化范围的个别发车间隔较多,说明高峰期间客流量较多,使得发车间隔稳定性差,难免出现客流量很多造成发车间隔较大。

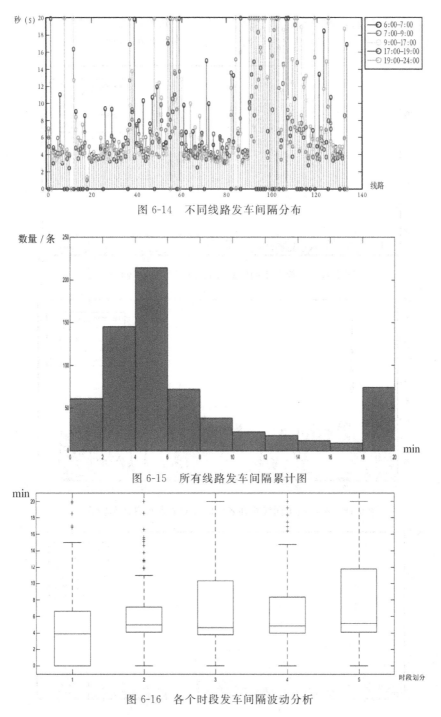

图 6-14　不同线路发车间隔分布

图 6-15　所有线路发车间隔累计图

图 6-16　各个时段发车间隔波动分析

如图 6-17～图 6-22 所示,本模型根据乘客的出行需求动态变化规律,对发车间隔进行分时段的优化,减少了发车车辆数,提高了车辆利用率。现状的发车间隔为全天固定间隔,造成大量公交车辆的浪费。

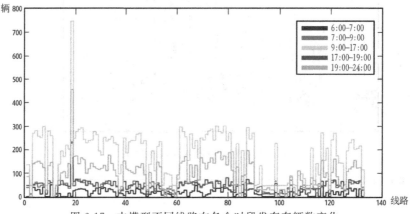

图 6-17　本模型不同线路在各个时段发车车辆数变化

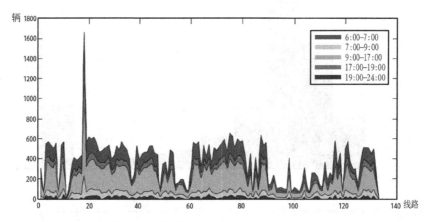

图 6-18　本模型不同线路在各个时段双向发车累计车辆数组成

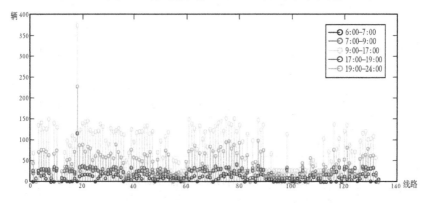

图 6-19　本模型不同线路在各个时段单程发车车辆数变化

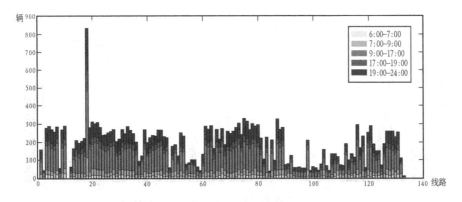

图 6-20 本模型不同线路在各个时段双向发车累计车辆数

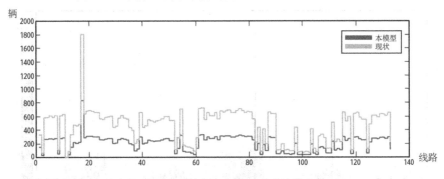

图 6-21 本模型与现状不同线路的发车车辆数对比

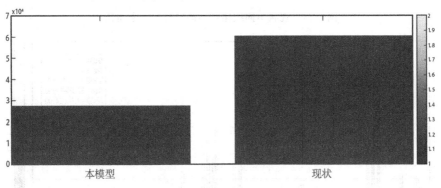

图 6-22 本模型与现状的全天发车车辆数对比

6.4.3 基于运营费用和乘客出行费用的发车间隔优化结果

如图 6-23～图 6-25 所示,从现状、本模型对于不同线路在 5 个不同时段的费用及总费用来看,时段 3 和时段 5 因为时域范围较广,因此费用体量较大,在全天总费用中所占的比重也较高。

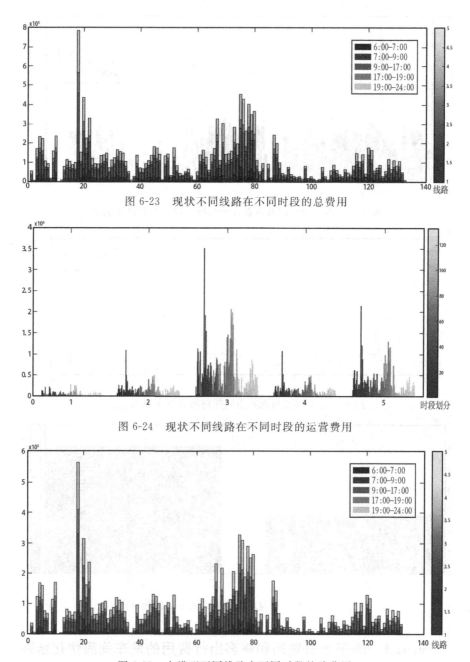

图 6-23　现状不同线路在不同时段的总费用

图 6-24　现状不同线路在不同时段的运营费用

图 6-25　本模型不同线路在不同时段的总费用

　　在图 6-26 至图 6-28 中,本模型的发车间隔方案在乘客人均出行时间费用上与现状不相上下,说明本模型的发车间隔方案在较少的车辆数的情况下,能够根据乘客实际的动态出行需求调整发车间隔,适应不同交通强度下的乘客出行需求,从而在节省了车辆数量的基础上达到与现状更多车辆数相同的效果。

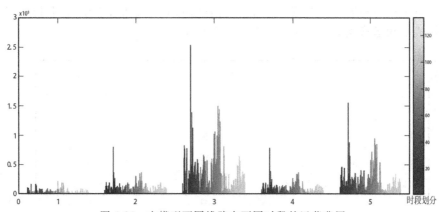

图 6-26　本模型不同线路在不同时段的运营费用

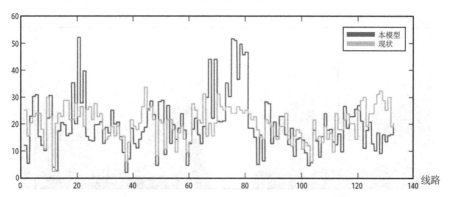

图 6-27　本模型与现状在不同发车间隔下的乘客人均出行时间费用对比

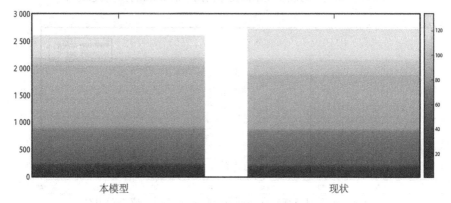

图 6-28　本模型与现状在不同发车间隔下的乘客人均出行时间总费用

在图 6-29～图 6-34 中，详细对比分析了本模型与现状在固定成本、动态成本以及乘客出行时间上的表现，可以看出，本模型制定的发车间隔通过提高单位车辆的利用率，使用更少的车辆数，满足了更多的出行需求，大大节省了运力和运营成本，在乘客出行行程时间上与现状表现相当，但是在固定成本和运营成本上明显优于现状的发车间隔。

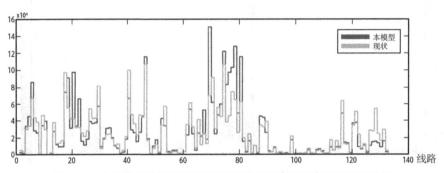

图 6-29　本模型与现状在不同发车间隔下的乘客出行时间费用对比

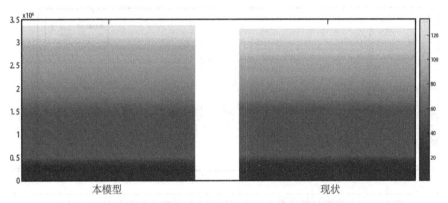

图 6-30　本模型与现状在不同发车间隔下的乘客出行时间总费用

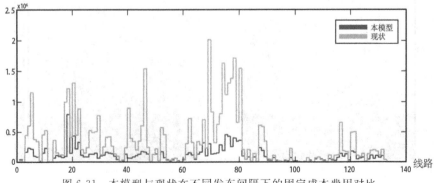

图 6-31　本模型与现状在不同发车间隔下的固定成本费用对比

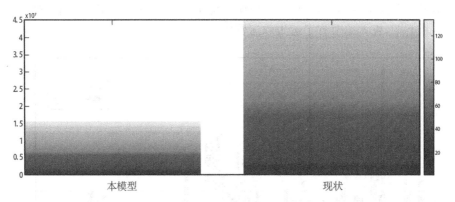

图 6-32　本模型与现状在不同发车间隔下的固定成本总费用

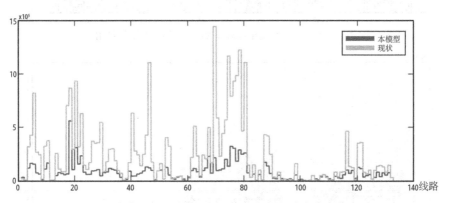

图 6-33　本模型与现状在不同发车间隔下的动态成本费用对比

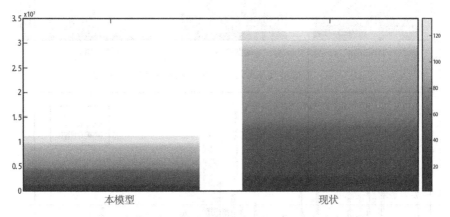

图 6-34　本模型与现状在不同发车间隔下的动态成本总费用

如图 6-35～图 6-38 所示,分别展示了现状发车间隔方案下各个公交线路各部分费用、本模型发车间隔下的各个公交线路各部分费用,可以看出,本模型在固定成本、运营成本方面明显优于现状,同时乘客出行总行程时间不相上下,极大地节省了运力和运营成本。

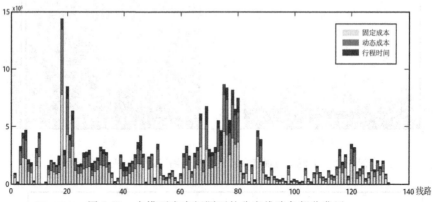

图 6-35　本模型发车间隔下的公交线路各部分费用

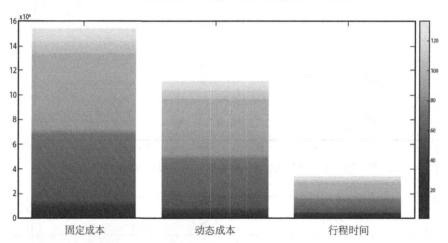

图 6-36　本模型发车间隔下的公交线路各部分总费用

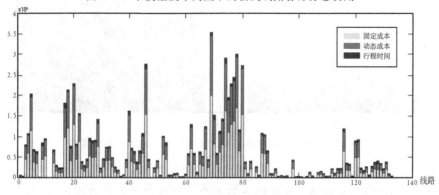

图 6-37　现状发车间隔下的公交线路各部分费用

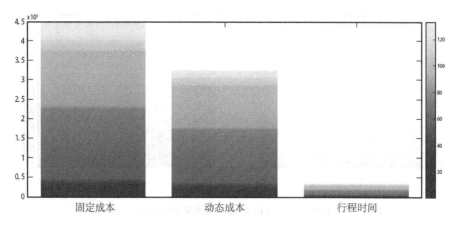

图 6-38　本模型发车间隔下的公交线路各部分总费用

如图 6-39 所示,本模型的发车间隔使乘客的出行总时间得到保障的情况下,尽量节省发车数量,因而,大部分的公交线路的运营费用都优于现状的发车间隔方案。

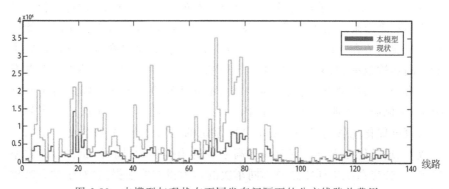

图 6-39　本模型与现状在不同发车间隔下的公交线路总费用

如图 6-40 所示,本模型对不同公交线路发车间隔的优化,使乘客的出行总时间得到保障的情况下,尽量节省发车数量,动态地满足乘客出行需求,最终使得固定成本、动态成本明显优于现状发车间隔方案的情况下,总费用明显优于现状的发车间隔方案。

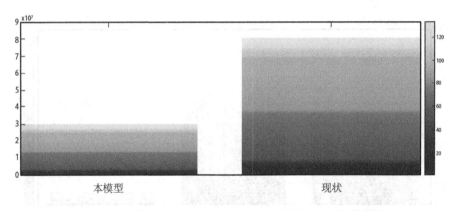

图 6-40 本模型与现状在不同公交线路发车间隔下的总费用

6.5 本章小结

在交通需求动态变化和线网、线路以及车辆载客能力限制约束的限制下,本章研究了费用最优的城市公交网络发车间隔优化模型,设计了粒子群智能算法来求解城市不同线路的发车间隔最优解集,使城市公交网络能够适应公交客流在时间和空间上动态需求的变化,最大限度地节省运营成本和提高运输效率、时刻表可靠性,增强城市公交线网的动态鲁棒性。对珠海市城市公交网络动态需求下不同时段、不同线路下的发车间隔进行了案例分析,案例研究表明,对不同时段内,不同公交线路和公交车次的发车间隔运营调度优化能够明显提高城市公交系统的运行效率、节约公交公司的运营成本、通过优化出行行程时间提高乘客的出行体验;同时,随着运输效率的提高,公交系统不同线路及不同车次的运力得到明显提高,对于动态需求更容易满足,使得整个公交网络的动态鲁棒性得到明显增强。

结论与展望

结　论

本书在静态分析城市公交网络统计特征及鲁棒性特征基础上,依托以珠海市为代表的城市公交网络数据(包括城市路网拓扑结构、公交线网 GIS 数据、公交线路及站点相关数据、IC 卡上下车刷卡数据、公交 GPS 报站数据等),建立了基于出行链的城市公交客流 OD 矩阵生成模型及基于数据融合、轨迹分析及系数划分的公交换乘客流生成模型,得到了城市公交网络OD 及换乘数据。在此基础之上,进一步构建了以客流驱动的城市公交网络加载模型及算法,解决了客流的时段划分比例、复线线路的客流分配、同线不同车次的客流分配、上下车客流量及站间车载人数的计算等关键性问题,建立了基于客流加载的城市公交网络鲁棒性优化模型及算法,在珠海市公交网络静态鲁棒性分析的基础上,通过动态客流的 OD 加载,对不同攻击模式下珠海市公交网络加载客流后的动态鲁棒性进行了分析和实现了拓扑结构鲁棒性的分析与优化;最后,建立了费用最优的城市公交发车间隔优化模型及粒子群智能寻优算法,对不同时段内不同线路的发车间隔进行了优化,探究从运营调度的角度来提高城市公交网络的运行效率,提高公交系统服务水平,适用性强且实现了精准管理。

主要的创新点如下。

(1) 基于出行链的公交客流 OD 矩阵生成模型和基于数据融合、轨迹分析及系数划分的公交客流 OTD 矩阵生成模型,得到公交 OTD,克服了数据资源的结构性缺失问题,为后续研究打下基础。

(2) 全面、综合地研究了公交复杂网络统计特征值指标及其失效规律,提出了拓扑结构的改善建议。

(3) 客流驱动的城市公交网络加载模型,系统解决了城市公交网络时空序列分析及动态客流加载、公交线路发车间隔及时刻表安排、客流时间序列和空间序列的计算方法、线路及车次客流的协调运营、每台车客流登降量计算及车载人数计算。

（4）分析了城市公交复杂网络拓扑结构静态鲁棒性在不同攻击模式下的变化，并通过客流加载，进一步不同攻击模式下拓扑结构动态鲁棒性的变化，提出基于鲁棒性分析的拓扑结构改善建议。

（5）建立了城市公交发车间隔优化模型，考虑了动态需求、载客能力限制、不同时段、不同线路下的发车间隔优化，节约了公交公司与乘客的成本。

展　望

本文针对城市公交线网及客流进行了大量的静态、动态信息分析，并建立了针对 OD/换乘客流、客流加载、鲁棒性和发车间隔的数学模型及算法，并通过案例研究进行了验证，具有较强的创新性和现实意义。本书中还有许多不足之处，值得进一步探索和提高。

针对基于出行链的城市公交客流 OD 矩阵生成模型，由于 IC 卡数据存在失效、缺失、换乘等诸多不可控因素的影响，其匹配度并不能做到非常准确，因而匹配度的准确度直接影响到放样率的大小，对模型最后的精度会产生影响，因此，如何提高 IC 卡数据的有效性或者通过多源数据等其他信息的融合和补充进一步加强已知条件来弥补数据的缺陷，甚至通过新技术提高数据获取的精度，都将是未来更为有效的方法。针对基于数据融合、轨迹分析及系数划分的公交换乘客流生成模型能够得到 OTD 数据，实际上 IC 卡数据无法得到换乘数据一直是较为棘手的问题，数据融合、轨迹分析及系数划分的方法只是乘客轨迹补充的手段之一，并不能保证是最可靠的方法，并且许多乘客并不一定刷卡上车而是现金支付，其中人为因素影响较大，通过除 IC 卡检测以外新的数据检测技术来提高数据获取的精度可能更加准确。

以客流驱动的城市公交网络加载模型将城市公交线路、车辆、乘客进行了空间和时间维度的划分，未来的研究可以在本书研究的基础之上引入乘客行为选择模型和公交线路竞争模型来判别不同乘客选择不同公交线路和车辆的概率，得到更加准确的不同线路的车辆乘客人数、上下车人数，当然归根结底还是因为现有动态数据检测手段不够准确，尤其是微观的乘客特征的刻画不能详尽，需要进一步提高现有动态数据检测手段来克服。

基于客流加载的城市公交网络鲁棒性分析与优化和费用最优的城市公交发车频率优化模型对城市公交网络的鲁棒性进行了深入探索，城市公交发车频率优化模型以发车间隔为自变量,费用最优为优化目标,实际上还可以引入其他参数作为自变量,并将费用以外的评价指标作为目标来寻优。另外针对费用最优的城市公交发车频率优化模型,由于该问题涉及两个模型、多重循环及大量动态数据的匹配,计算量巨大,除粒子群算法以外,其他是否存在更加高效、准确的算法来提高求解效率值得进一步探索。

参考文献

[1] 周晶,徐晏.弹性需求随机用户平衡分配模型及其应用[J].系统工程学报,2001,16(2):88-94.

[2] 高自友,宋一凡,四兵锋,林兴强.公交网络中基于弹性需求和能力限制条件下的 SUE 配流模型及算法(Ⅱ)[J].北方交通大学学报,2000,25(6):8-13.

[3] 高自友,宋一凡,四兵锋,林兴强.公交网络中基于弹性需求和能力限制条件下的 SUE 配流模型及算法(Ⅰ)[J].北方交通大学学报,2000,25(6):1-7.

[4] 杨文国,高自友.基于动态规划思想的多阶段随机用户平衡配流模型与算法[J].北京交通大学学报,2004,28(6):32-35.

[5] Yeung C H,Saad D,Wong K Y. From the physics of interacting polymers to optimizing routes on the London Underground[J]. Proceedings of the National Academy of Sciences,2013,110(34):17-22.

[6] 四兵锋,高自友.城市公交网络均衡配流模型及算法的研究[J].公路交通科技,1998,15(3):41-44.

[7] 邱松林,程琳,许项东.基于路径长度的 Logit 型随机用户均衡模型[J].东南大学学报(自然科学版),2012,42(1):173-176.

[8] 王波.基于派系的复杂网络及其在公交网络上的应用研究[D].杭州:浙江工业大学,2009.

[9] 田庆飞.基于复杂网络理论的城市公交网络生成与优化研究[D].长春:吉林大学,2013.

[10] Yang Xuhua,Wang Bo,Sun Bao. A novel weighted evolving network model based on clique overlapping growth[J]. Journal of Central South University,2010,17(4):830-835.

[11] Latora V,Marchiori M. Is the Boston subway a small-world network[J]. Physica A Statistical Mechanics & Its Applications,2002,314(1):109-113.

[12] Barberillo J,Saldaña J. Corrigendum to "Navigation in large subway

networks:An informational approach"[Physica A 390(2011)374-386][J]. Physica A Statistical Mechanics & Its Applications,2011,390(2):374.

[13] Wu L,Tan Q,Zhang Y. Network connectivity entropy and its application on network connectivity reliability[J]. Physica A Statistical Mechanics & Its Applications,2013,392(21):5536-5541.

[14] Ferber C V,Holovatch T,Holovatch Y,et al. Public transport networks:empirical analysis and modeling[J]. The European Physical Journal B,2009,68(2):261-275.

[15] 夏志浩,王胜奎.用公交车站上下客数推算公交 OD 分布的方法[J].四川大学学报工程科学版,1997(2):42-48.

[16] 汪秉宏.交通流研究最近进展概述[J].复杂系统与复杂性科学,2010,07(4):65-73.

[17] 强强.网络脆弱性以及鲁棒性理论的近期研究发展[J].上海理工大学学报,2011,33(3):287-291.

[18] 谢丰,程苏琦,陈冬青,等.基于级联失效的复杂网络抗毁性[J].清华大学学报(自然科学版),2011(10):1252-1257.

[19] 张勇,杨晓光.城市路网的复杂网络特性及可靠性仿真分析[J].系统仿真学报,2008,20(2):464-467.

[20] 来学权.道路交通运输网络脆弱性研究[J].城市道桥与防洪,2010(6):69-73.

[21] 袁竞峰,李启明,贾若愚,等.城市地铁网络系统运行脆弱性分析[J].中国安全科学学报,2012,22(5):92.

[22] 叶青.基于复杂网络理论的轨道交通网络脆弱性分析[J].中国安全科学学报,2012,22(2):122.

[23] 姚红光,朱丽萍.基于仿真分析的中国航空网络鲁棒性研究[J].武汉理工大学学报(交通科学与工程版),2012,36(1):42-46.

[24] 王志栋.公交线网优化模型的建立[J].大连交通大学学报,1997(4):33-36.

[25] 谭满春,徐建闽.城市公共汽车停靠点选址模型[J].公路交通科技,1999,16(2):59-61.

[26] 唐利民,杨思远,蒋洪浪.运用 FLAPT 模型改善上海公交问题[J].系统管理学报,1999(1):54-59.

[27] 张启人,熊桂林.公共交通大系统建模与优化[J].系统工程,1986(6):27-41.

[28] 刘清.实现城市公交线网优化的数学模型和广义 A* 算法[J].系统工程理论与实践,1992,12(2):11-17.

[29] 林柏梁,杨富社.基于出行费用最小化的公交网络优化模型[J].中国公路学报,1999(1):79-83.

[30] 曾小明,罗旗帜.公共交通服务质量的模糊评定法[J].佛山科学技术学院学报(自然科学版),1997(4):67-72.

[31] 孙芙灵.公交调度中发车间隔的确定方法的探讨[J].长安大学学报自然科学版,1997(S1):44-48.

[32] Watts D J,Strogatz S H. Colective of "small-world" networks[J]. Nature,1998,393(6684):440-442.

[33] Barabasi A L,Albert R. Emergence of scaling in random networks[J]. Science,1999,286(5439):509-512.

[34] Strogatz S H. Exploring complex networks [J]. Nature,2001,410 (6825):268-276.

[35] Yang X H,Wang B,Wang W L,et al. A novel small-world network model: keping connectivity without adding edges [J]. International Journal of Modern Physics B,2008,22(29):5229-5234.

[36] Watts D J. The "new" science of networks[J]. Annual Review of Sociology,2004,30:243-270.

[37] Albert R,Jeong H,Barabasi A L. The diameter of the world wide web[J]. Nature International Weekly Journal of Science,1999,401(6):130-131.

[38] Milgram S. The small world problem[J]. Psychology Today,1967, 2(1):185-195.

[39] Haahr,L. Exploratory Framework for Organizations as Actors on Facebook. Working Paper,35th IRIS Seminar,Stockholm,Sweden, 2015,1-15.

[40] Säterberg T,Sellman S,Ebenman B. High frequency of functional extinctions in ecological networks[J]. Nature,2013,499(7459):468.

[41] Li Y,Liu Y,Li J,et al. Brain anatomical network and intelligence[J]. Neuroimage,2009,47(5):e1000395.

[42] Erdös P,Rényi A. On Random Graphs[J]. Publicationes Mathematicae, 1959,6:290-291.

[43] Quan H J,Zhu C Y. Behaviors of imitated agents in an evolutionary minority game on NW small world networks[J]. Physics Procedia, 2010,3(5):1741-1745.

［44］Zhao L，Wang X，Qiu X，et al. A model for the spread of rumors in Barrat-Barthelemy-Vespignani（BBV）networks[J]. Physica A Statistical Mechanics & Its Applications，2013，392（21）：5542-5551.

［45］郭进利. Poisson 增长竞争网络与适应度模型[J]. 数学的实践与认识，2010，40（4）：175-182.

［46］Singh N，Malaviya B，Kinetics of bromhexine-mediated down-regulation of focal adhesive molecules of uterus and trophectoderm affecting conception in the rat[J]. Contraception，2006，73（6）：645.

［47］Zhou B，Pei J，Luk W S. A brief survey on anonymization techniques for privacy preserving publishing of social network data[J]. Acm Sigkdd Explorations Newsletter，2008，10（2）：12-22.

［48］Ignacio J. Gomez Portillo，Pablo M. Gleiser. An Adaptive Complex Network Model for Brain Functional Networks[J]. Plos One，2009，4（9）：6863.

［49］鲁海军，刘学军，程建权，等. 基于空间句法的城市道路网可达性分析[J]. 中国水运：学术版，2007，7（7）：133-135.

［50］杨东援，吴海燕，宗传苓. 采用分形几何学方法概述路网覆盖形态[J]. 中国公路学报，1996（3）：29-35.

［51］贺正冰，马寿峰，贺国光. 基于仿真实验的城市交通系统宏观现象研究[J]. 物理学报，2010，59（1）：171-177.

［52］高自友，赵小梅，黄海军，等. 复杂网络理论与城市交通系统复杂性问题的相关研究[J]. 交通运输系统工程与信息，2006，6（3）：41-47.

［53］蓝天. 香港道路网演化特征分析与结构生长模拟[D]. 成都：西南交通大学，2016.

［54］叶彭姚. 城市道路网拓扑结构的复杂网络特性研究[J]. 交通运输工程与信息学报，2012，10（1）：13-19.

［55］张卫华，杨博，陈俊杰. 基于复杂网络的城市路网结构分析方法[J]. 交通运输工程学报，2012，12（5）：64-71.

［56］张晋，梁青槐，贺晓彤. 北京市地铁网络拓扑结构复杂性研究[J]. 北京交通大学学报，2013，37（6）：78-84.

［57］王波，柯红红，蒋天发. 基于复杂网络理论的杭州公交网络建模与特性分析[J]. 武汉大学学报（工学版），2011，44（3）：404-408.

［58］He T，Zhu N，Hou Z，et al. A Novel Cascading Failure Model on City Transit Network［C］//International Conference on Machinery，Materials，Environment，Biotechnology and Computer. 2016.

[59] Von Ferber C. ,Holovatch T. ,and Holovatch Y. ,Attack vulnerability of public transport networks, in Trac and Granular Flow 07, pp. 721-731, Springer, Berlin, Germany, 2007.

[60] Berche B. ,Von Ferber C. ,Holovatch T and Holovatch Y. ,Resilience of public transport networks against attacks, European Physical Journal B, 2009, 71(1): 125-137.

[61] Lee K. ,Jung W. ,Park J. S. ,and Choi M. Y. ,Statistical analysis of the Metropolitan Seoul Subway System: network structure and passenger flows, Physica A, 2008, 387(24): 6231-6234.

[62] H. Soh, S. Lim, T. Zhang et al. ,Weighted complex network analysis of travel routes on the Singapore public transportation system, Physica A, 2010, 389(24): 5852-5863.

[63] Huang A L, Guan W, Mao B H, et al. Statistical analysis of weighted complex network in Beijing Public Transit Routes System based on passenger flow, Journal of Transportation Systems Engineering and Information, 2013, 13(6): 198-204.

[64] Huang A, Zhang H M, Guan W, et al. Cascading Failures in Weighted Complex Networks of Transit Systems Based on Coupled Map Lattices[J]. Mathematical Problems in Engineering, 2015(3): 1-16.

[65] Huang A, Xiong J, Shen J, et al. Evolution of weighted complex bus transit networks with flow [J]. International Journal of Modern Physics C, 2015, 27(6).

[66] Albert R, Jeong H, Barabási A L. Attack and error tolerance in complex networks[J]. Nature, 2000, 406(6794): 387-482.

[67] Sabidussi G. The centrality of a graph [J]. Psychometrika, 1966, 31(4): 581-603.

[68] Freeman L C. A set of measures of centrality based on betweenness[J]. Sociometry, 1977, 40(1): 35-41.

[69] Newman M E J. Newman, M. E. J. : Finding community strcuture in networks using the eigenvectors of matrics. Phys. Rev. E 74, 036104[J]. Physical Review E, 2006, 74(3 Pt 2): 036104.

[70] Brin S, Page L, Comput. Networks and ISDN Syst. 30, Leaders in Social Networks, the Delicious Case[J]. Plos One, 2009, 3(7): 387-399.

[71] Radicchi F, Fortunato S, Markines B, et al. Diffusion of scientific credits and the ranking of scientists. [J]. Phys Rev E Stat Nonlin

Soft Matter Phys,2009,80(2):056103.

[72] Lü L,Zhang Y C,Chi H Y,et al. Leaders in Social Networks,the Delicious Case[J]. Plos One,2011,6(6):e21202.

[73] Lü L,Zhou T,Zhang Q M,et al. The H-index of a network node and its relation to degree and coreness[J]. Nature Communications, 2016,7:10168.

[74] Chen D B,Shang M S,Zhang Y C,et al. Identifying influential nodes in complex networks[J]. Physica A Statistical Mechanics & Its Applications, 2011.

[75] Wang J W,Rong L L,Guo T Z. A new measure method of network node importance based on local characteristics[J]. Journal of Dalian University of Technology,2010,50(5):822-826.

[76] Ren Z M,Shao F,Liu J G,et al. Node importance measurement based on the degree and clustering coefficient information[J]. Acta Phys Sin,2013,62(12):505-505.

[77] Ugander J,Backstrom L,Marlow C,et al. Structural diversity in social contagion[J]. Proceedings of the National Academy of Sciences of the United States of America,2012,109(16):5962-5966.

[78] Kitsak M,Gallos L K,Havlin S,et al. Identification of influential spreaders in complex networks[J]. Nature Physics,2010,6(11): 888-893.

[79] Ren X L,Linyuan L. Review of ranking nodes in complex networks[J]. Chinese Journal,2014,59(13):1175.

[80] Chen D B,Xiao R,Zeng A,et al. Path diversity improves the identification of influential spreaders[J]. Epl,2013,104(6):5580-5596.

[81] Li P,Zhang K,Xu X,et al. Reexamination of explosive synchronization in scale-free networks: the effect of disassortativity[J]. Phys Rev E Stat Nonlin Soft Matter Phys,2013,87(4):042803.

[82] Liu J G,Lin J H,Guo Q,et al. Locating influential nodes via dynamics-sensitive centrality[J]. Scientific Reports,2015,6(3):032812-032812.

[83] Lü L,Chen D,Ren X L,et al. Vital nodes identification in complex networks[J]. Physics Reports,2016,650.

[84] Liu Y,Slotine J J,Barabasi A L. Controllability of Complex Networks[J]. Nature,2011,473(7346):167.

[85] Orouskhani Y,Jalili M,Yu X. Optimizing Dynamical Network Structure

for Pinning Control[J]. Scientific Reports,2016,6:24252.

[86] Zhou M Y,Zhao Z,Hao L,et al. Enhancing speed of pinning synchronizability: low-degree nodes with high feedback gains[J]. Journal of Intelligent Transportation Systems Technology Planning & Operations, 2015,5(1):1-14.

[87] Liu Y Y,Slotine J J,Barabási A. Control Centrality and Hierarchical Structure in Complex Networks[J]. Plos One,2012,7(9):e44459.

[88] Jia T,Pósfai M. Connecting Core Percolation and Controllability of Complex Networks[J]. Scientific Reports,2014,4:5379.

[89] 徐光明,史峰,罗湘,等.基于策略均衡分配的公交线网规划优化方法[J]. 交通运输系统工程与信息,2015,15(3):140-145.

[90] Huang A, Zhang H M, Guan W, et al. Cascading Failures in Weighted Complex Networks of Transit Systems Based on Coupled Map Lattices[J]. Mathematical Problems in Engineering, 2015(3):1-16..

[91] Huang A, Xiong J, Shen J, et al. Evolution of weighted complex bus transit networks with flow[J]. International Journal of Modern Physics C, 2015, 27(6):1122-1127.

[92] 张无非.对于公交汽车调度问题的求解[J].工程数学学报,2002,19 (建模专辑):81-88.

[93] 钱萌,彭张节,程树林,等.基于综合评价指数的城市公交线路选择优化模型[J].吉林大学学报信息科学版,2008,26(2):180-185.

[94] 别一鸣,程绍武,黄晓雷.基于综合评价指标的公交线路时间控制点优选方法[J].交通运输系统工程与信息,2016,16(2):170-175.

[95] 戴霄,陈学武.单条公交线路的IC卡数据分析处理方法[J].城市交通,2005,3(4):73-76.

[96] Munizaga M A,Palma C. Estimation of a disaggregate multimodal public transport Origin-Destination matrix from passive smartcard data from Santiago,Chile[J]. Transportation Research Part C Emerging Tech-nologies,2012,24(9):9-18.

[97] Martin Trépanier, Nicolas Tranchant, Robert Chapleau. Individual Trip Destination Estimation in a Transit Smart Card Automated Fare Collection System[J]. Journal of Intelligent Transportation Systems Technology Planning & Operations,2007,11(1)(1):1-14.

[98] Wang W, Attanucci J P, Wilson N H M. Bus Passenger Origin-Destination Estimation and Related Analyses Using Automated Data

Collection Systems［J］. Journal of Public Transportation，2011，
14(4)：131-150.

［99］ Zhao J，Rahbee A，Wilson N H M. Estimating a Rail Passenger Trip
Origin-Destination Matrix Using Automatic Data Collection Systems［J］.
Computer-Aided Civil and Infrastructure Engineering，2007，22(5)：
376-387.

［100］ 吴美娥.对公交 IC 卡数据处理分析及应用的探索［D］.北京：北京交
通大学，2010.

［101］ 戴霄.基于公交 IC 信息的公交数据分析方法研究［D］.南京：东南大
学，2006.

［102］ 周雪梅，杨熙宇，吴晓飞.基于 IC 卡信息的公交客流起止点反推方法［J］.
同济大学学报(自然科学版)，2012，40(7)：1027-1030.

［103］ Cui A. Bus passenger Origin-Destination Matrix estimation using
Automated Data Collection systems. Exploring Data Validity in Tran-
sportation Systems for Smart Cities ［J］. International Journal of
Simulation：Systems，Science and Technology，2007，1(3)：75-88.

［104］ Zhao J，Rahbee A，Wilson N H M. Estimating a Rail Passenger Trip
Origin-Destination Matrix Using Automatic Data Collection Systems［J］.
Computer-Aided Civil and Infrastructure Engineering，2007，22(5)：
376-387.

［105］ 李林波，姜屿，王婧，吴兵.基于数据融合的公交客流规模测算方法［J］.
城市交通，2016，(01)：43-50.

［106］ 张健钦，仇培元，杜明义.基于时空轨迹数据的出行特征挖掘方法
［J］.交通运输系统工程与信息，2014(6)：72-78.

［107］ Yongxin Liu，Xiaoxiong Weng，Jiafu Wan，and Athanasios V. Vasilakos：
Exploring Data Validity in Transportation Systems for Smart Cities［J］.
IEEE Communications Magazine，2017，55(5)：26-33.

［108］ 李海波，陈学武.基于公交 IC 卡和 AVL 数据的换乘行为识别方法［J］.
交通运输系统工程与信息，2013，(06)：73-79.

［109］ 翁小雄，彭新建.基于萤火虫算法优化 BP 神经网络的公交行程时间
预测［J］.广西师范大学学报(自然科学版).

［110］ 翁小雄，宋明磊，吕娟.预防城市公交网络拥堵效应的阻抗增加策
略［J］.广西大学学报(自然科学版)，2016，41(5)：1524-1530.

［111］ 翁小雄，刘永鑫，吕娟，张腾月.一种基于公共交通多源数据融合的 IC
卡刷卡站点匹配方法［P］.中国专利：201510937332.7.

[112] 高永.基于 IC 卡数据的公交换乘识别方法[A].科学技术部全国智能运输系统协调指导小组办公室.2007 第三届中国智能交通年会论文集[C].科学技术部全国智能运输系统协调指导小组办公室，2007:6.

[113] 翁小雄,等.一种公共交通乘客出行时空轨迹提取方法[P].中国专利:201710059434.2.

[114] 侯现耀.基于 IC 卡和 AVL 系统数据的公交乘客上下车站点判别方法[A].中国智能交通协会.第七届中国智能交通年会优秀论文集——智能交通技术[C].中国智能交通协会:2012:8.

[115] 胡继华,邓俊,黄泽.结合出行链的公交 IC 卡乘客下车站点判断概率模型[J].交通运输系统工程与信息,2014,14(2):62-67,86.

[116] Chen J,Wang Z F. Algorithm of Estimating Alighting Bus Stops of Smart Card Passengers Based on Trip-Chain[J]. Applied Mechanics & Materials,2012,253-255:1918-1921.

[117] Tiakas E,Papadopoulos A N,Nanopoulos A,et al. Trajectory Similarity Search in Spatial Networks[C]// International Database Engineering and Applications Symposium. IEEE Computer Society,2006:185-192.

[118] 翁小雄,谭国贤,谭裕安,等.基于交通流相特征的城市交通系统状态可视化评价方法及其应用[P].中国专利:200610122680.X.

[119] 翁小雄,等.一种基于公交 OD 数据的公交换乘识别方法[P].中国专利:201710060059.3.

[120] 李莹,翁小雄.基于公交 IC 卡和 GPS 数据的换乘识别方法[J].广西大学学报(自然科学版)2017,42(2):579-586.

[121] 翁小雄,叶丽萍.基于数据特征的城市信号路口交通状态检测评价方法[P].中国专利:200810198919.0.

[122] Song Minglei,Weng Xiaoxiong,Yao Shushen,He Qinbo. Path selection of urban public transportation based on artificial intelligence ant colony algorithm[J]. International Journal of Simulation：Systems，Science and Technology,2015,16(2B)：1.1-1.7.

[123] Shushen YAO,Xinjian PENG,Xiaoxiong WENG. Research on Path-Identification in Urban Metro Network Based On Trip Chain Analysis[C]. THE 21st INTERNATIONAL CONFERENCE OF HONG KONG SOCIETY FOR TRANSPORTATION STUDIES.

[124] 冷满益.基于密度聚类与贝叶斯估计的交通模型研究[D].广州:华南理工大学,2012.

[125] 陈绍辉,陈艳艳,赖见辉.基于GPS与IC卡数据的公交站点匹配方法[J].
公路交通科技,2012,29(5):102-108.

[126] Zhao S Z,Ni T H,Wang Y,et al. A new approach to the prediction
of passenger flow in a transit system[J]. Computers & Mathematics
with Applications,2011,61(8):1968-1974.

[127] 陈绍辉.基于公交IC卡数据的公交车辆运行指标计算方法研究[A].
中国智能交通协会.第六届中国智能交通年会暨第七届国际节能与
新能源汽车创新发展论坛优秀论文集(上册)——智能交通[C].中国
智能交通协会,2011:9.

[128] 吕慎,田锋.城市公交技术评价指标体系的研究[J].城市公共交通,
2005(2):7-9.

[129] 杨薇,谭英嘉,葛宏伟.公交线路规划与服务评价中满载率指标的应
用研究[J].公路,2014(3):112-116.

[130] 刘昱岗,王卓君,潘璐,等.公交车辆检测及其行程时间预测[J].中国
公路学报,2016(10):95-104,125.

[131] 杨晓光,徐竞琪,刘好德,等.基于乘客平均出行时间最小的公交站距
优化模型[J].吉林大学学报,2008,38(4):802-807.

[132] 赵国锋,苑少伟,慈玉生.城市路网的复杂网络特性和鲁棒性研究
[J].公路交通科技,2016,33(1):119-124.

[133] 汪江洪.公交换乘系统研究及其评价[D].成都:西南交通大学,2006.

[134] Zheng X,Chen J P,Shao J L,et al. Analysis on topological properties of
Beijing urban public transit based on complex network theory[J].
Physics,2012,61(19):190510-379.

[135] Gallos L K,Song C,Makse H A. A review of fractality and self-similarity
in complex networks[J]. Physica A Statistical Mechanics & Its Applicat-
ions,2007,386(2):686-691.

[136] Minglei Song,Xiaoxiong Weng,Yongxin Liu,Juan Guo. Research on
reliability measurement index of urban public transportation network
based on the reliability measure of complex network[J]. International
Journal of Simulation: Systems,Science and Technology,2016,16(5A):
31-36.

[137] Minglei Song,Xiaoxiong Weng,Shushen Yao,Jun Chen. Research
on the importance of the nodes of the cascading failure public transportation
network based on complex network theory[J]. Journal of Computational
and Theoretical Nanoscience,2016,13(8):5294-5304.